DECO GARCEZ

MANDALAS ORNAMENTADAS

E-book elaborado para ajudar tatuadores e artistas na sua produção diária de artes.

Nesse produto você irá encontrar 100 mandalas criadas pelo tatuador André Deco Garcez.

Aproveite ao máximo todas Mandalas e engrandeça seus trabalhos.

Tente utilizar como referência; se possível crie suas próprias mandalas com base nas disponíveis.

Gratidão 🙏

Proibida a reprodução e venda sem autorização

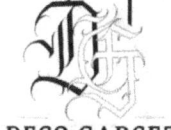

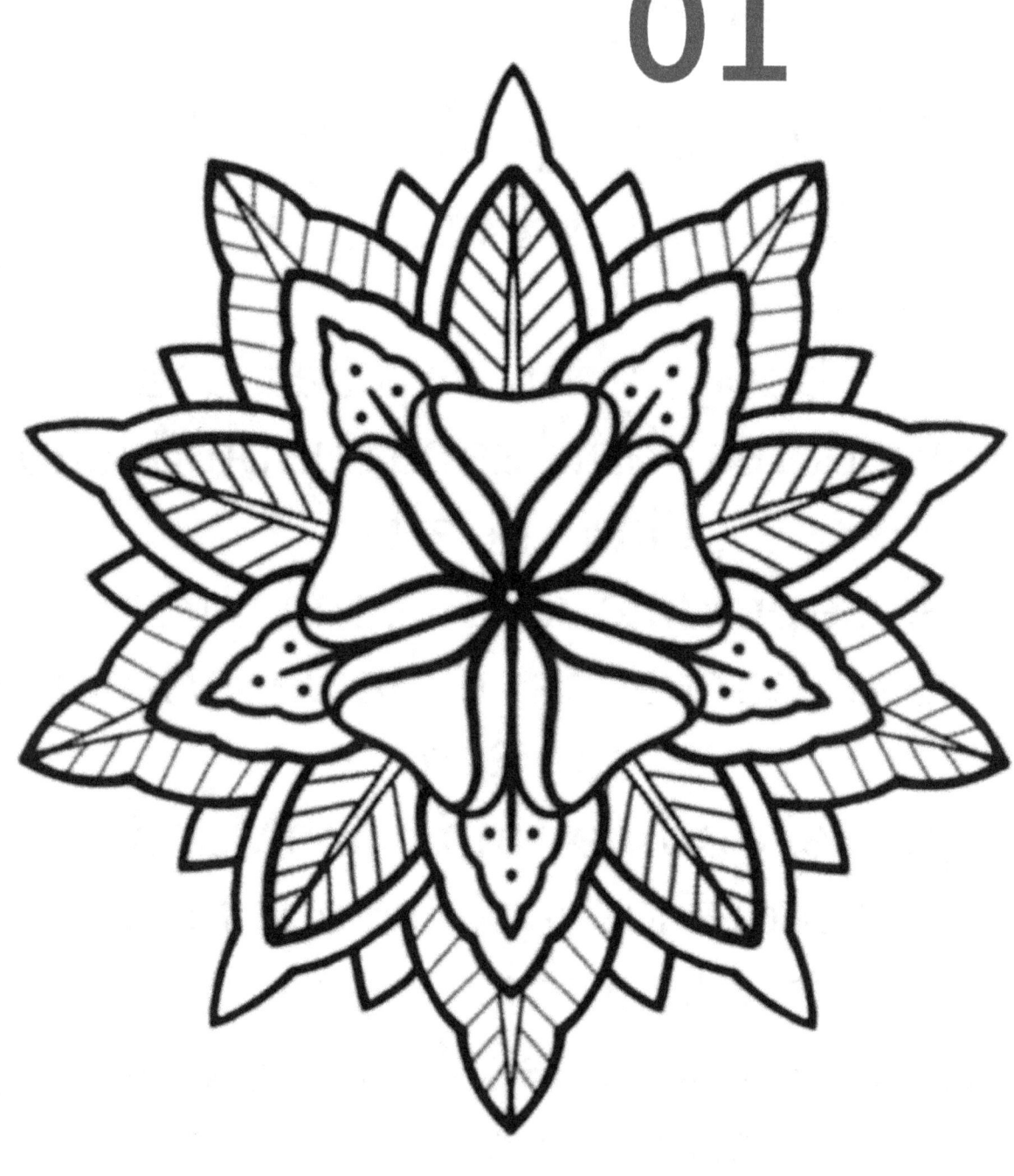

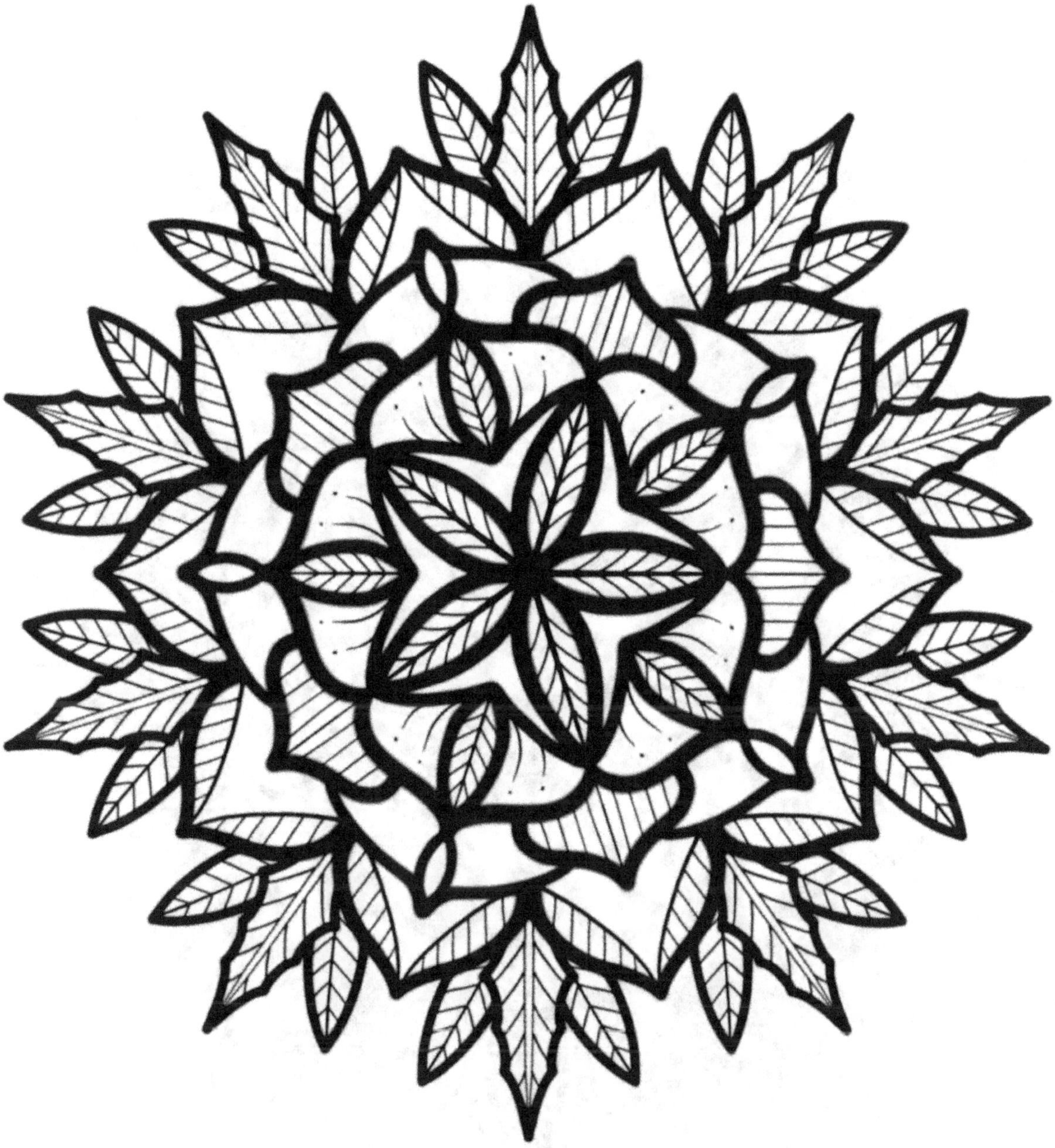

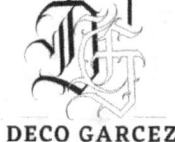

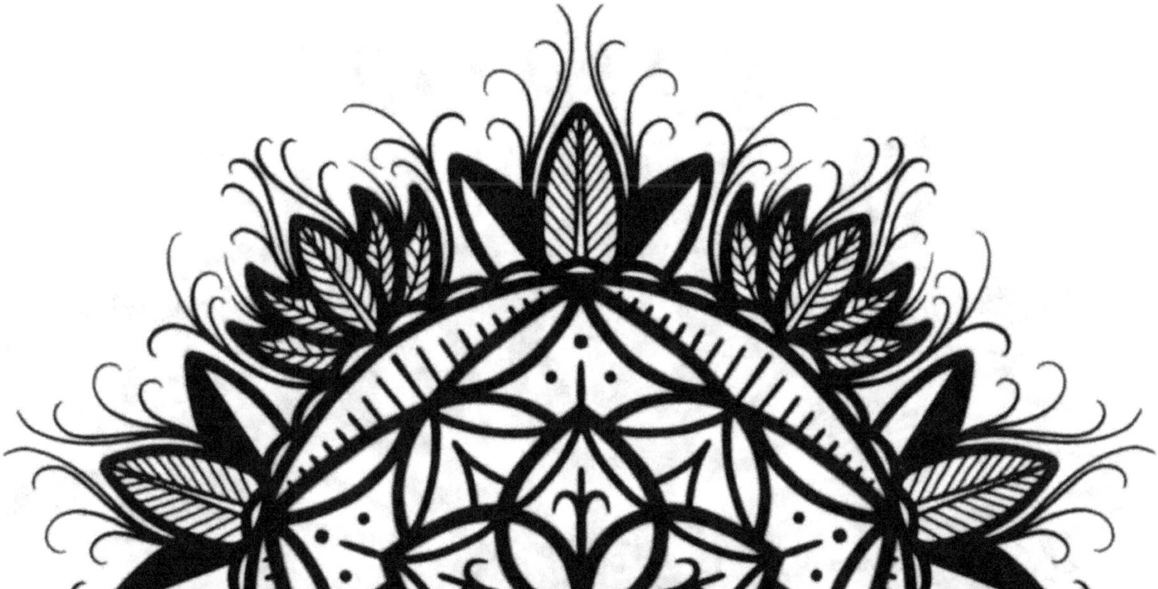

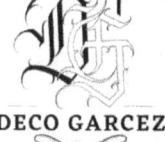

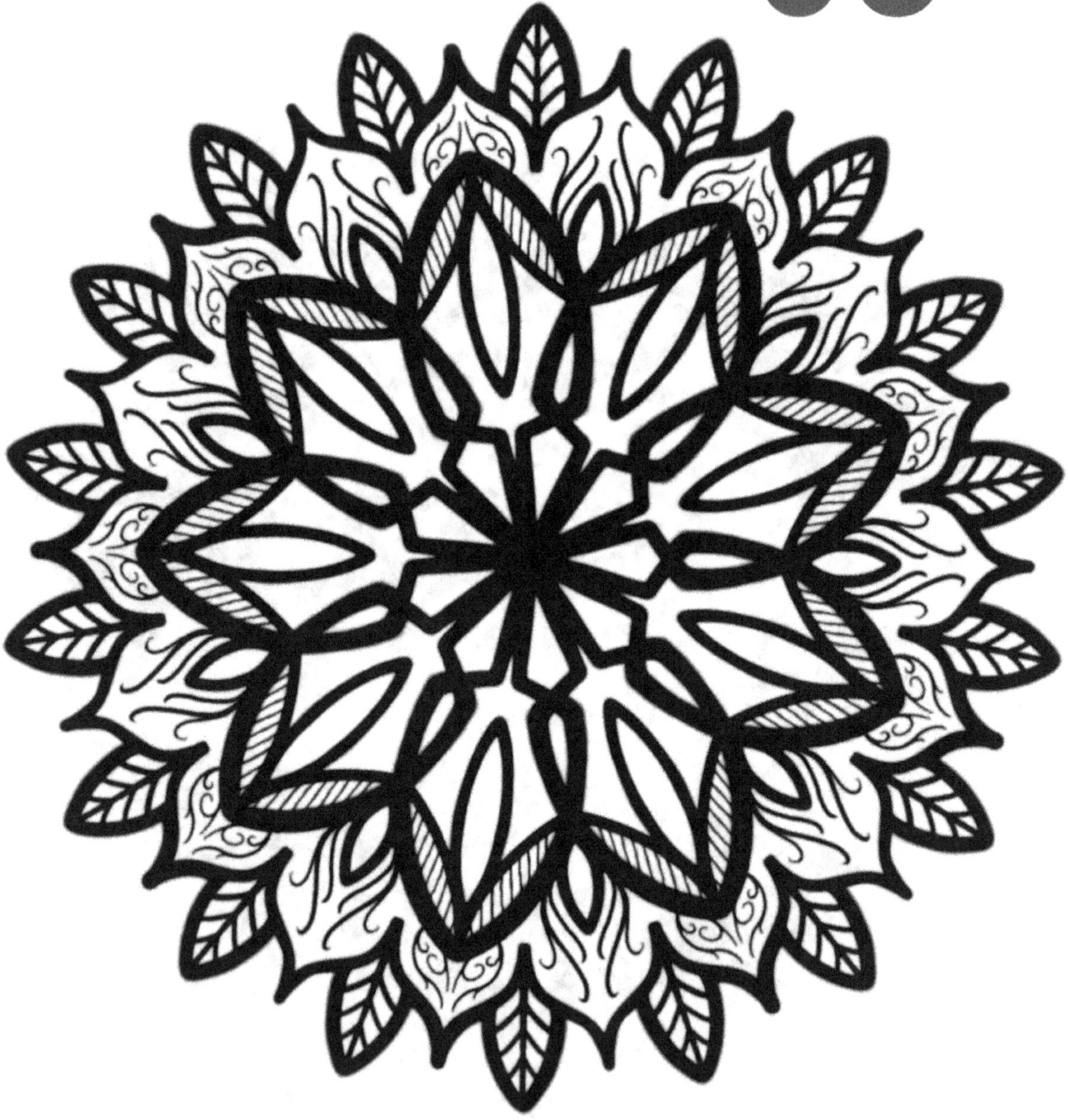

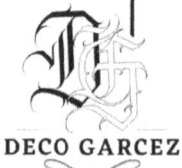

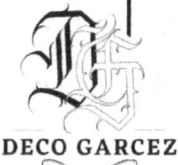

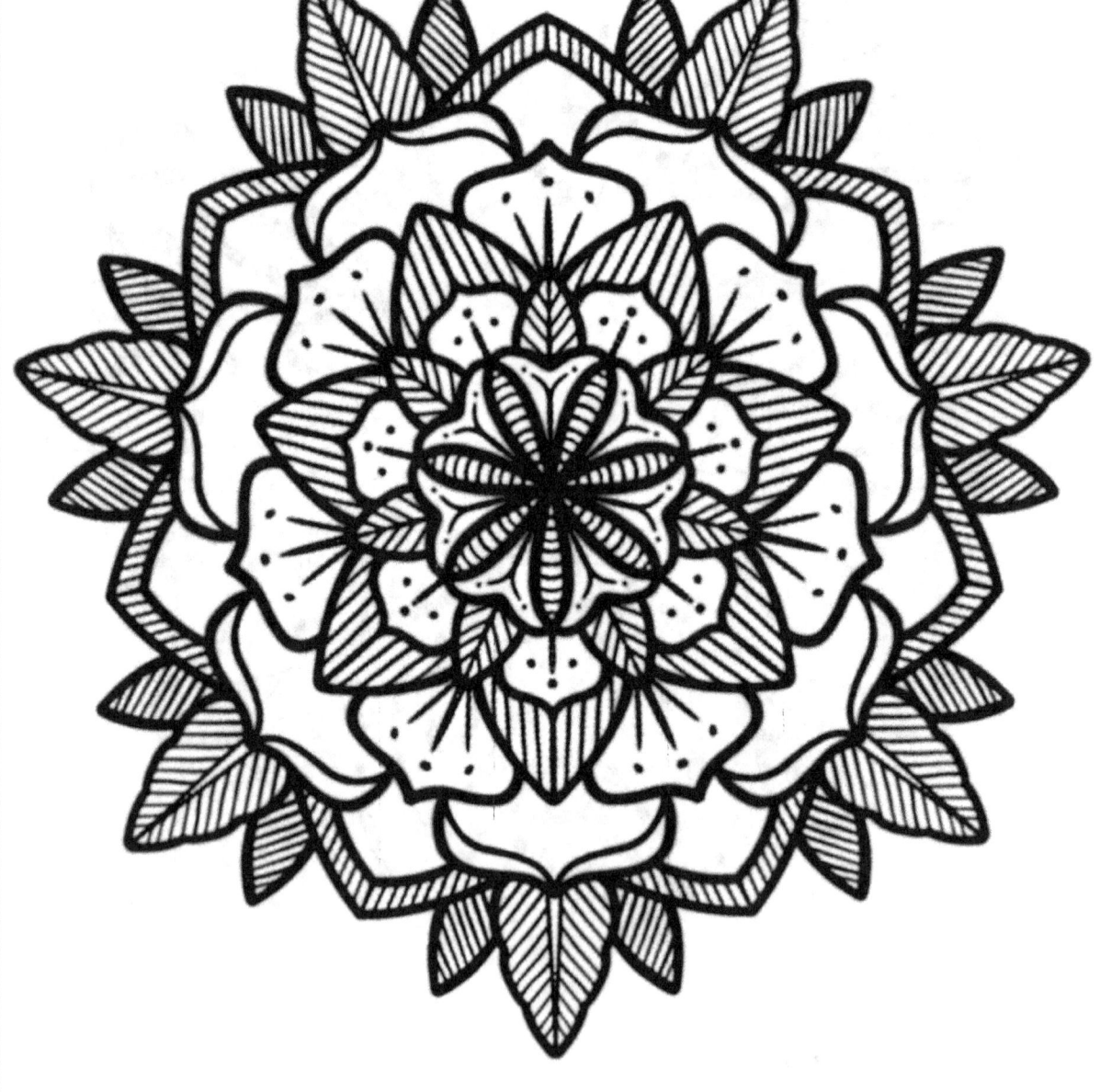

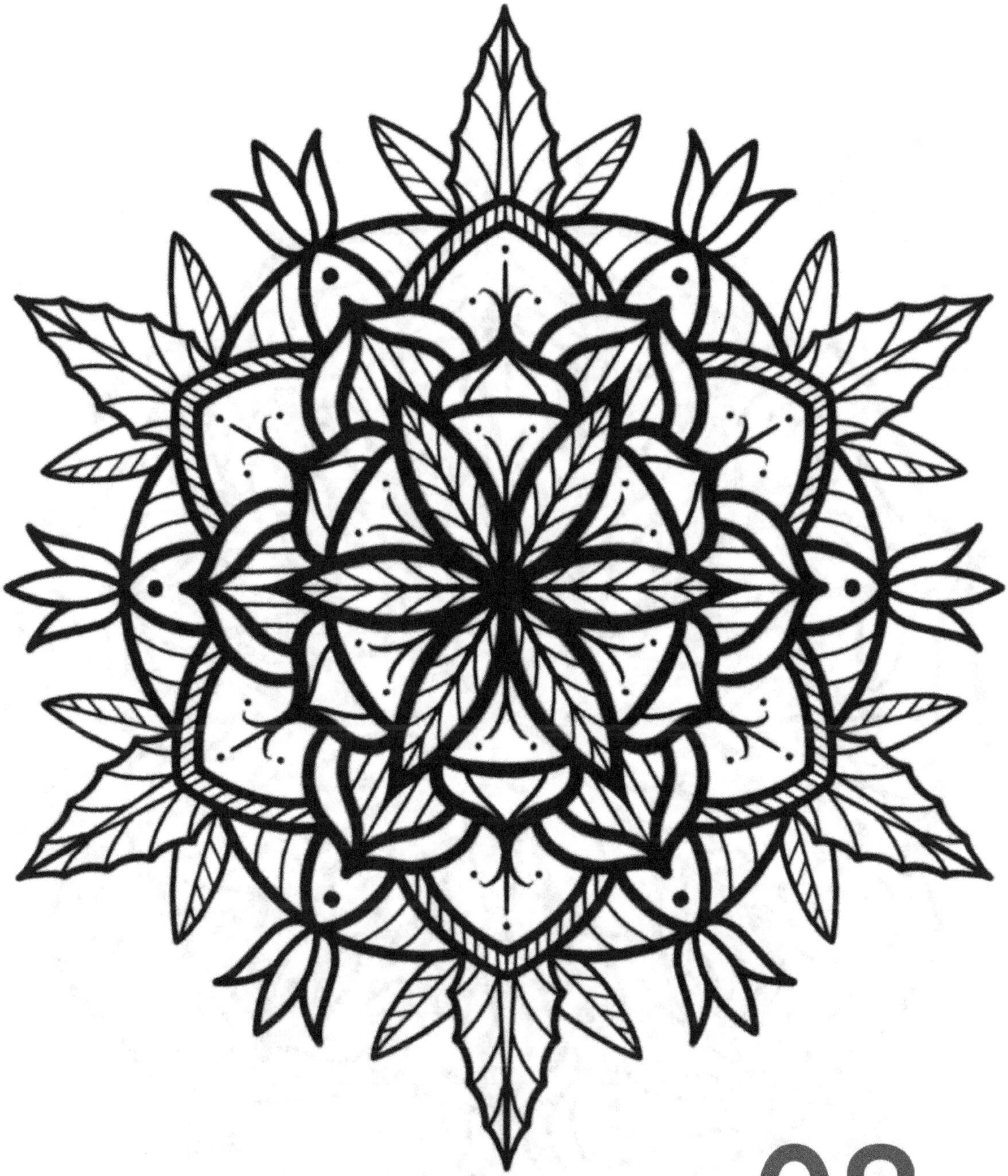

DECO GARCEZ

Proibida a reprodução e venda sem autorização

08

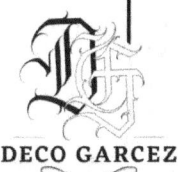

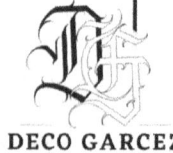

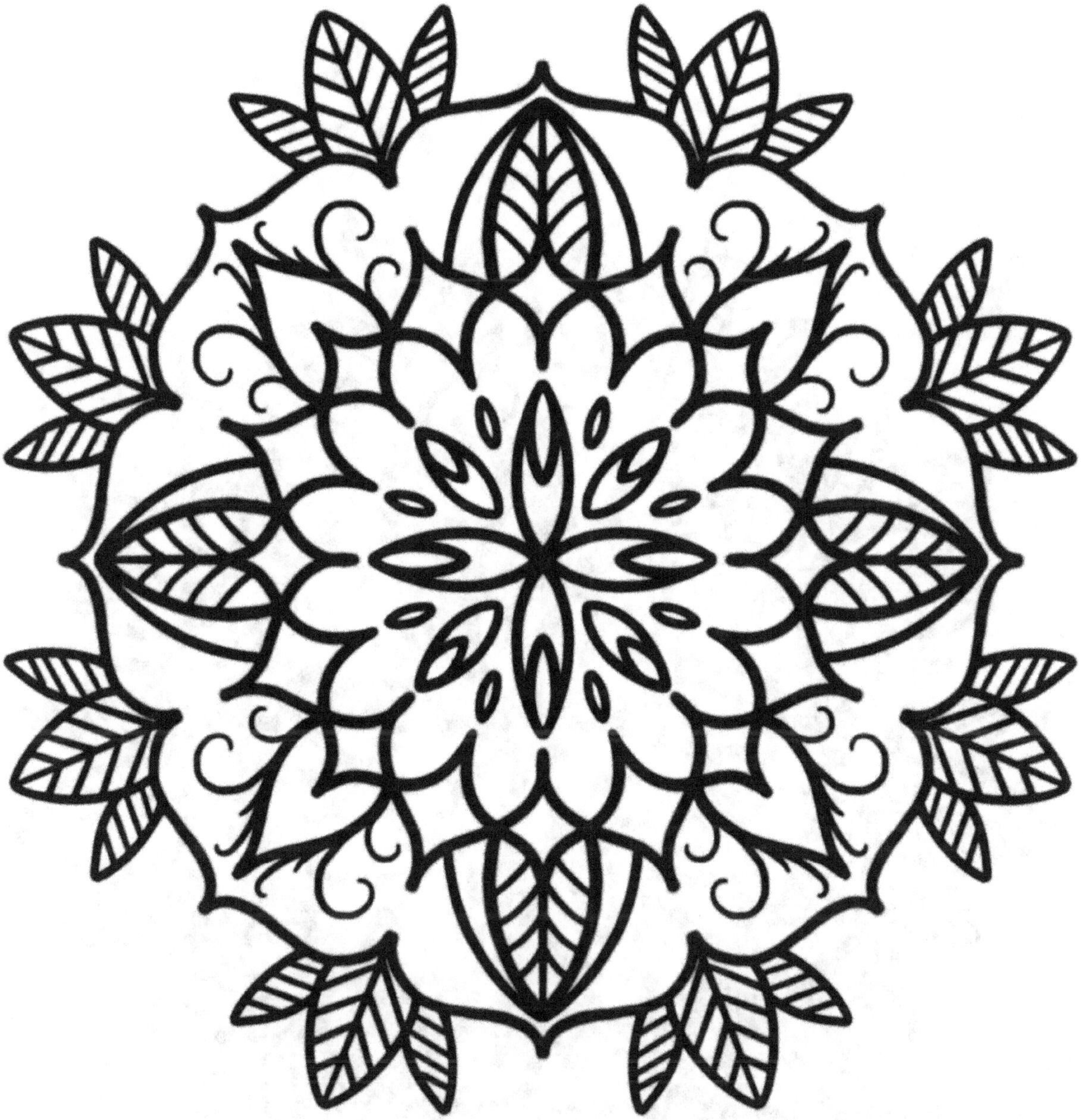

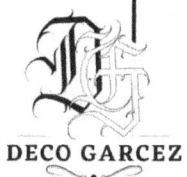

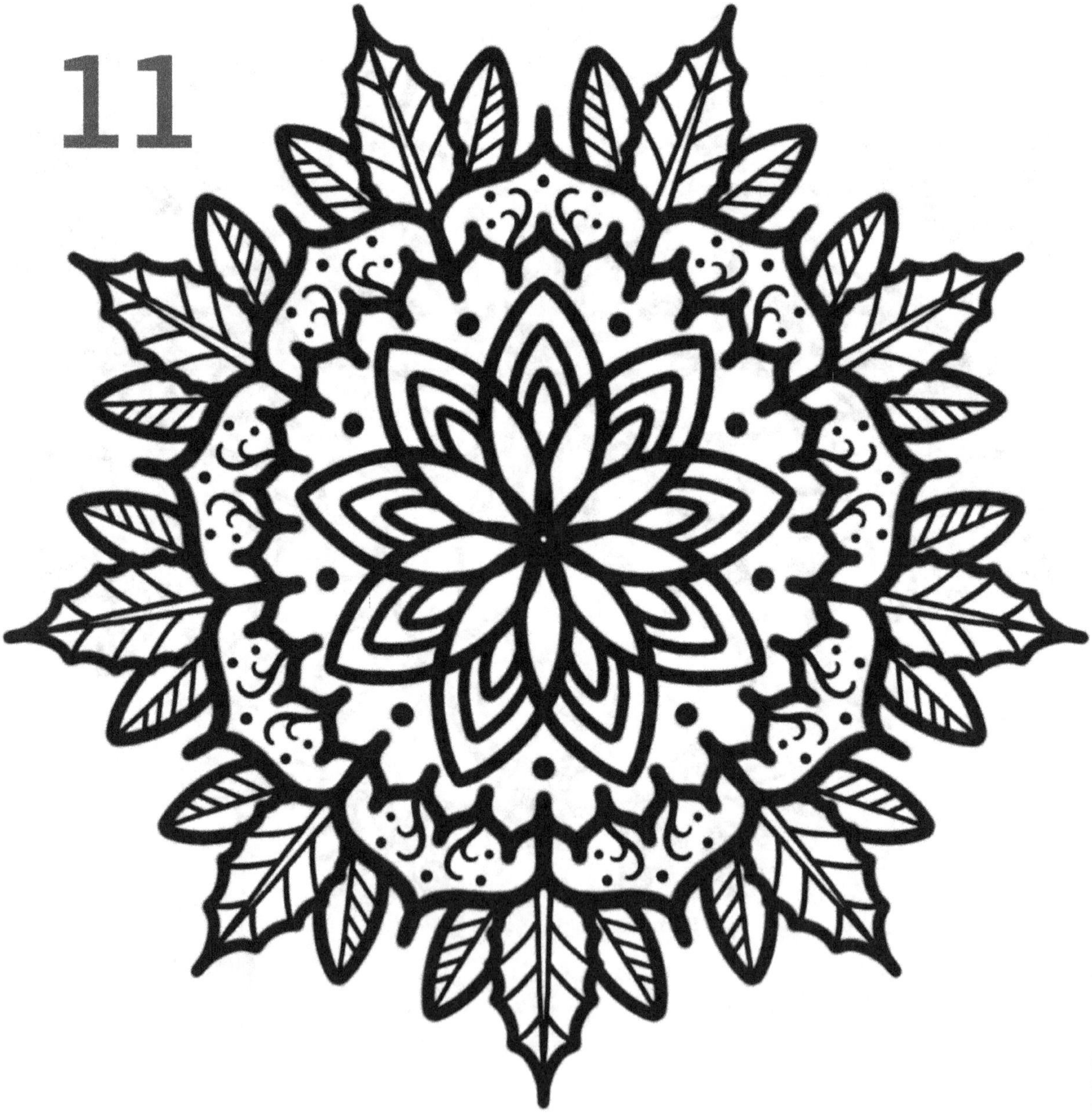

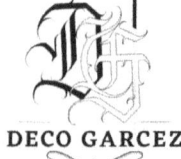

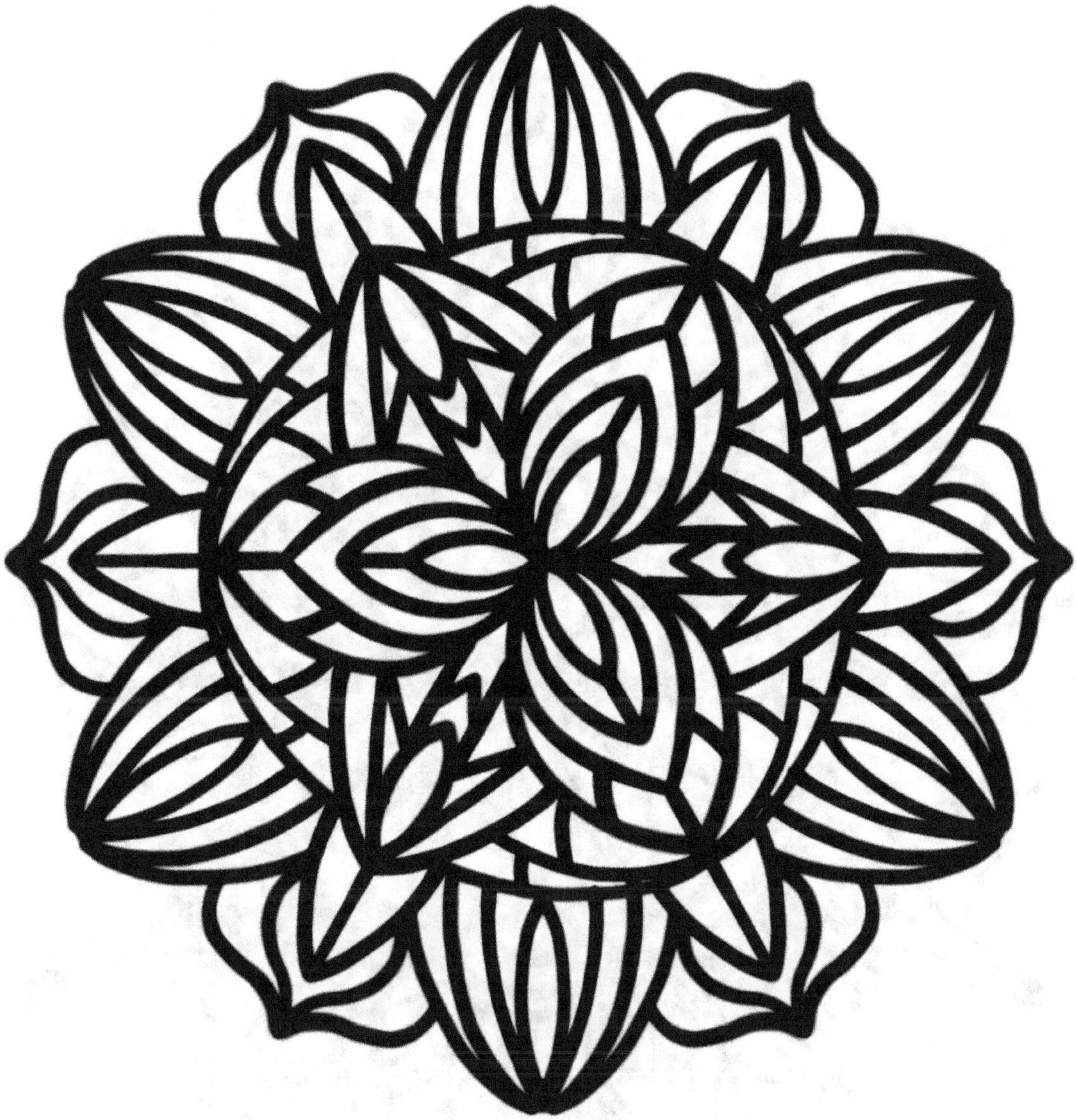

DECO GARCEZ

12

Proibida a reprodução e venda sem autorização

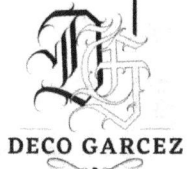

DECO GARCEZ

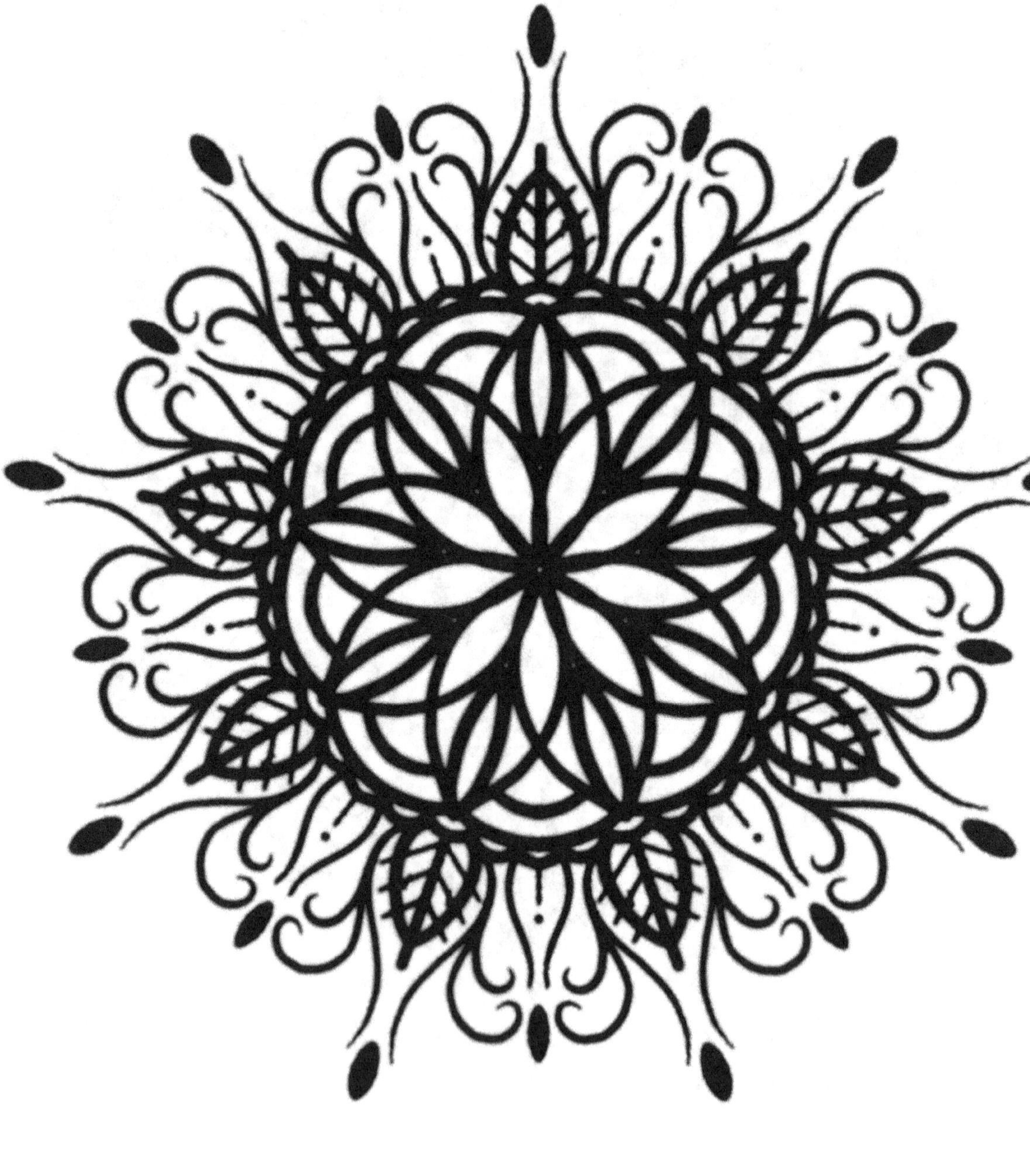

13

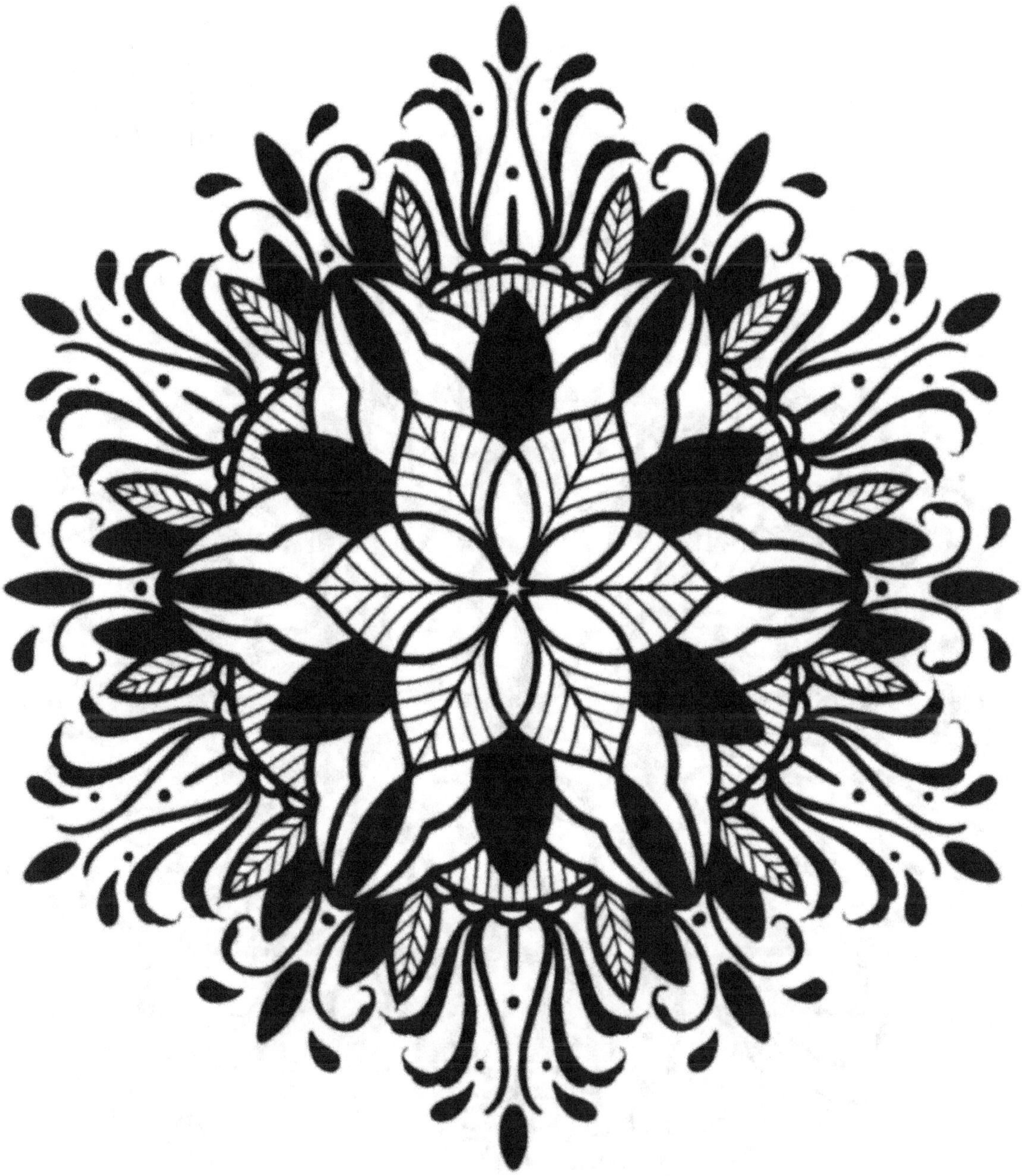

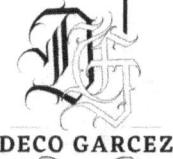

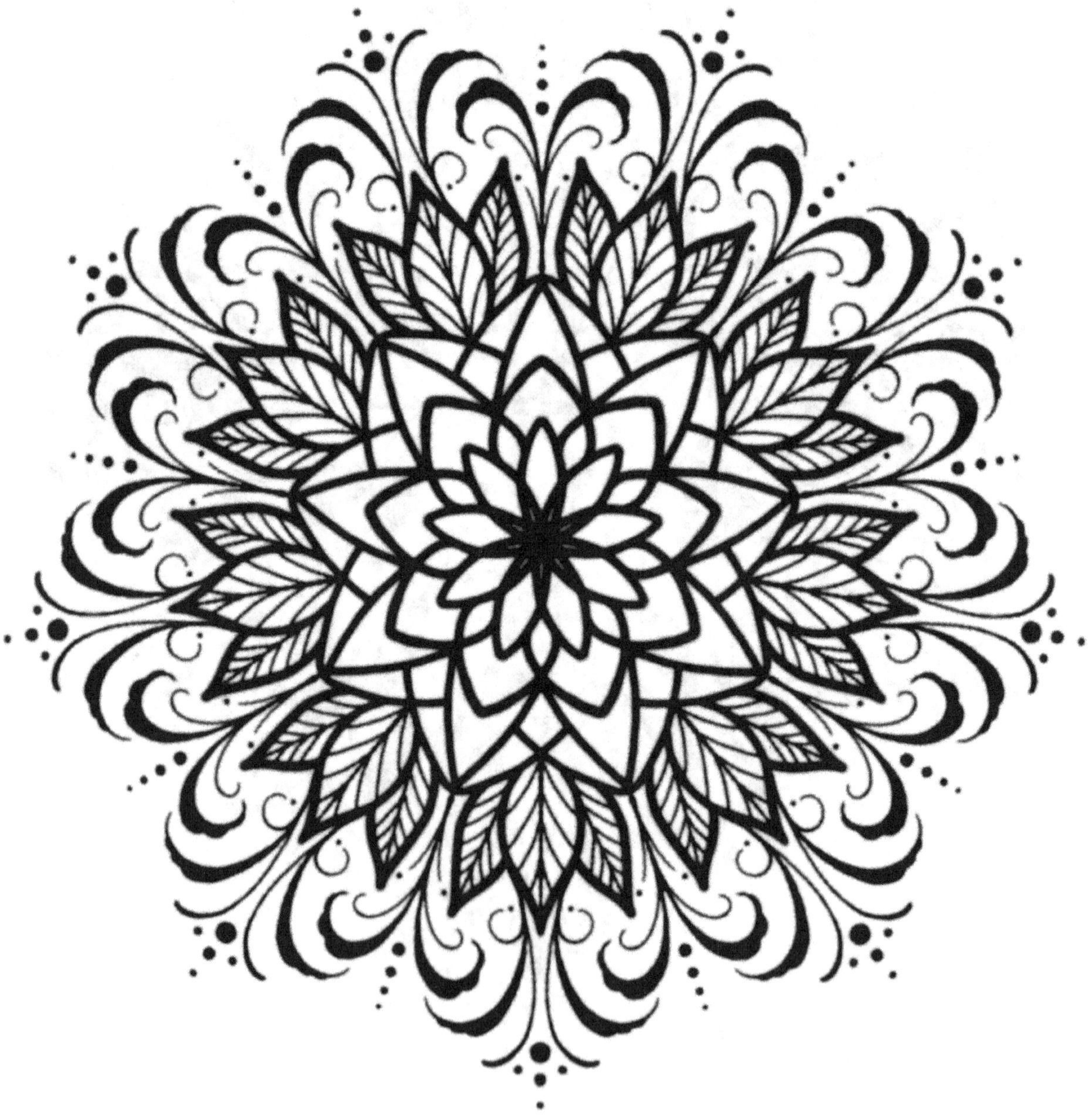

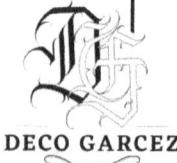

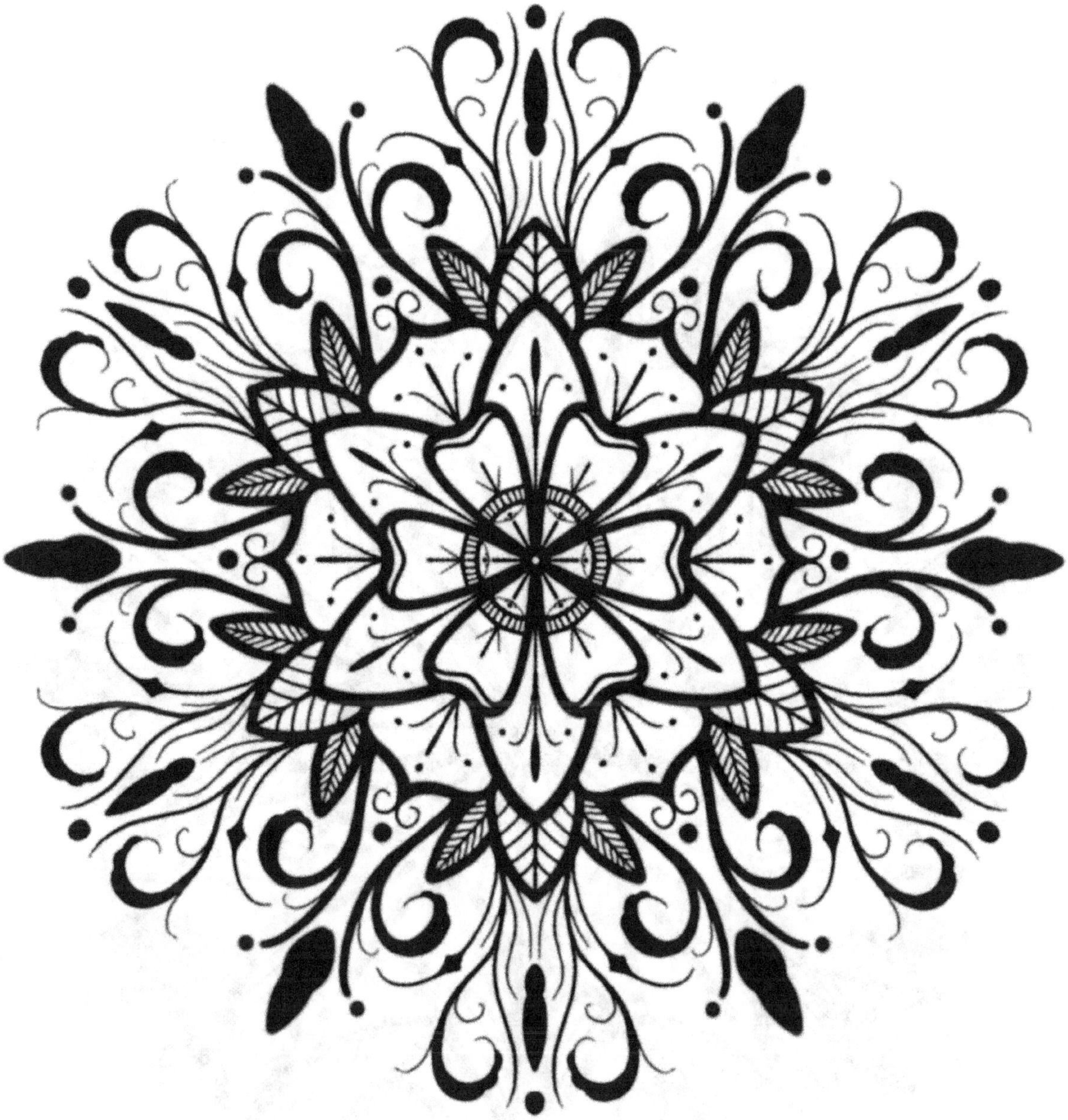

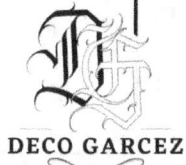

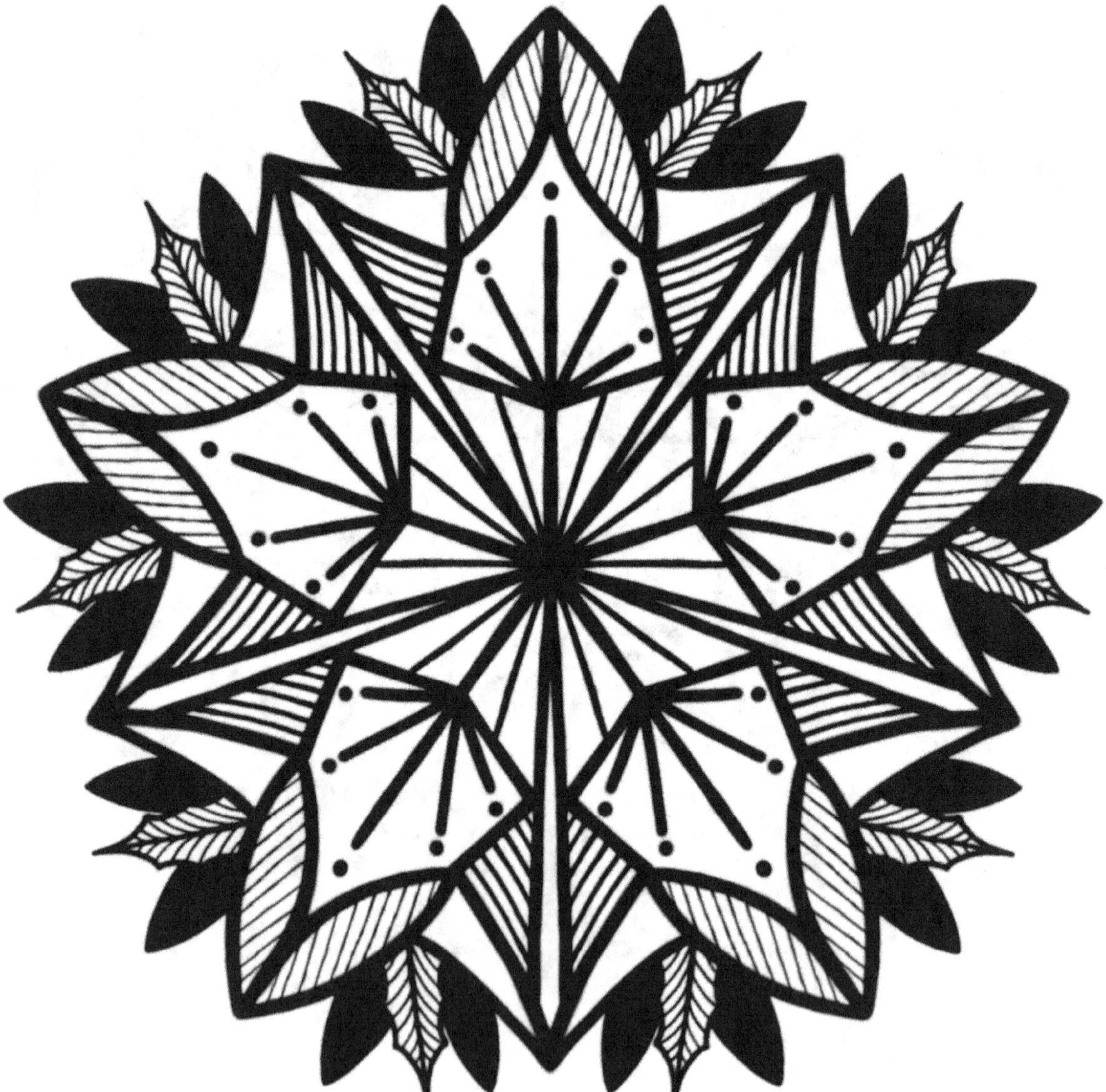

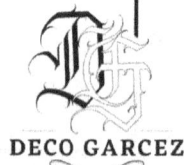

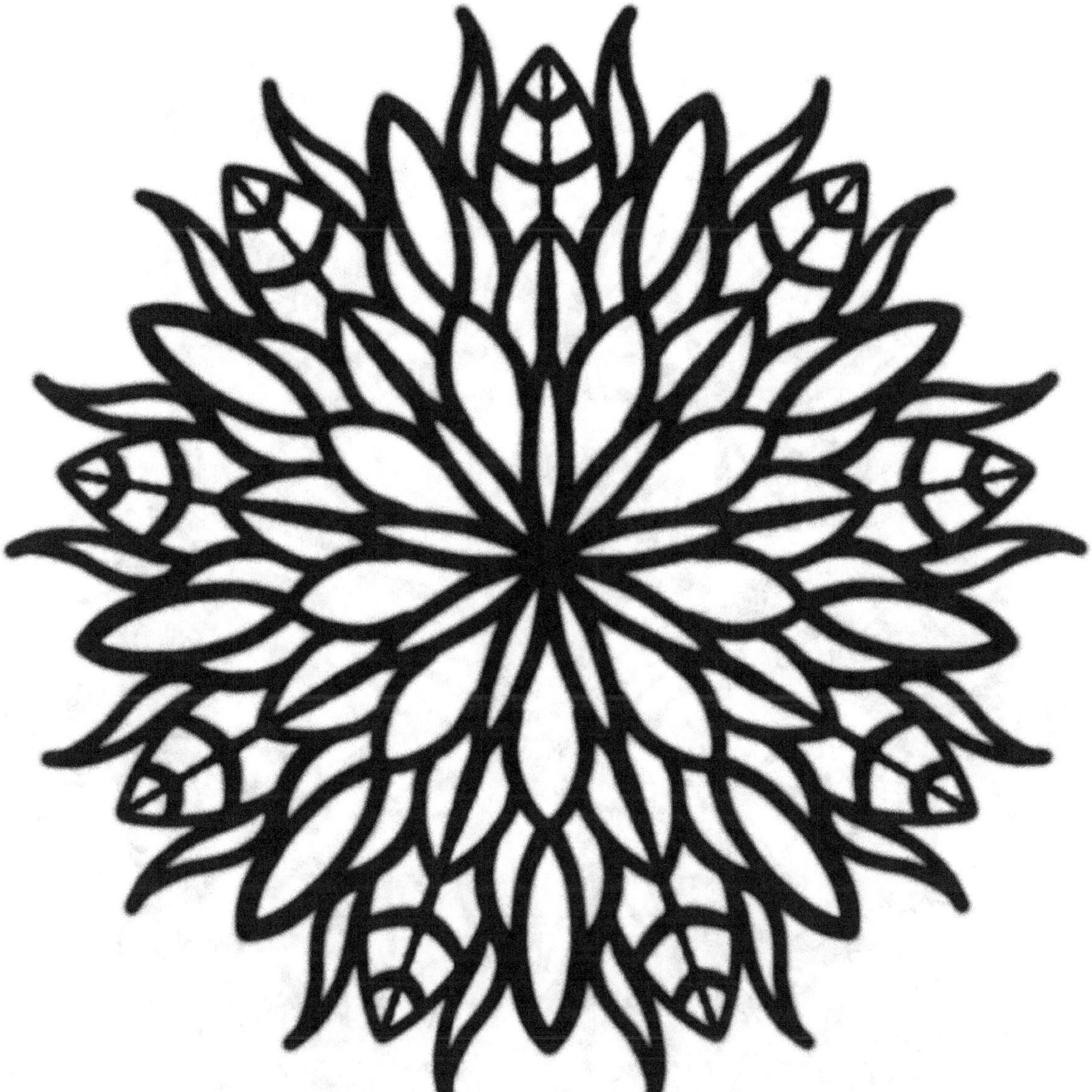

DECO GARCEZ

Proibida a reprodução e venda sem autorização

18

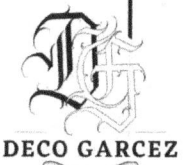

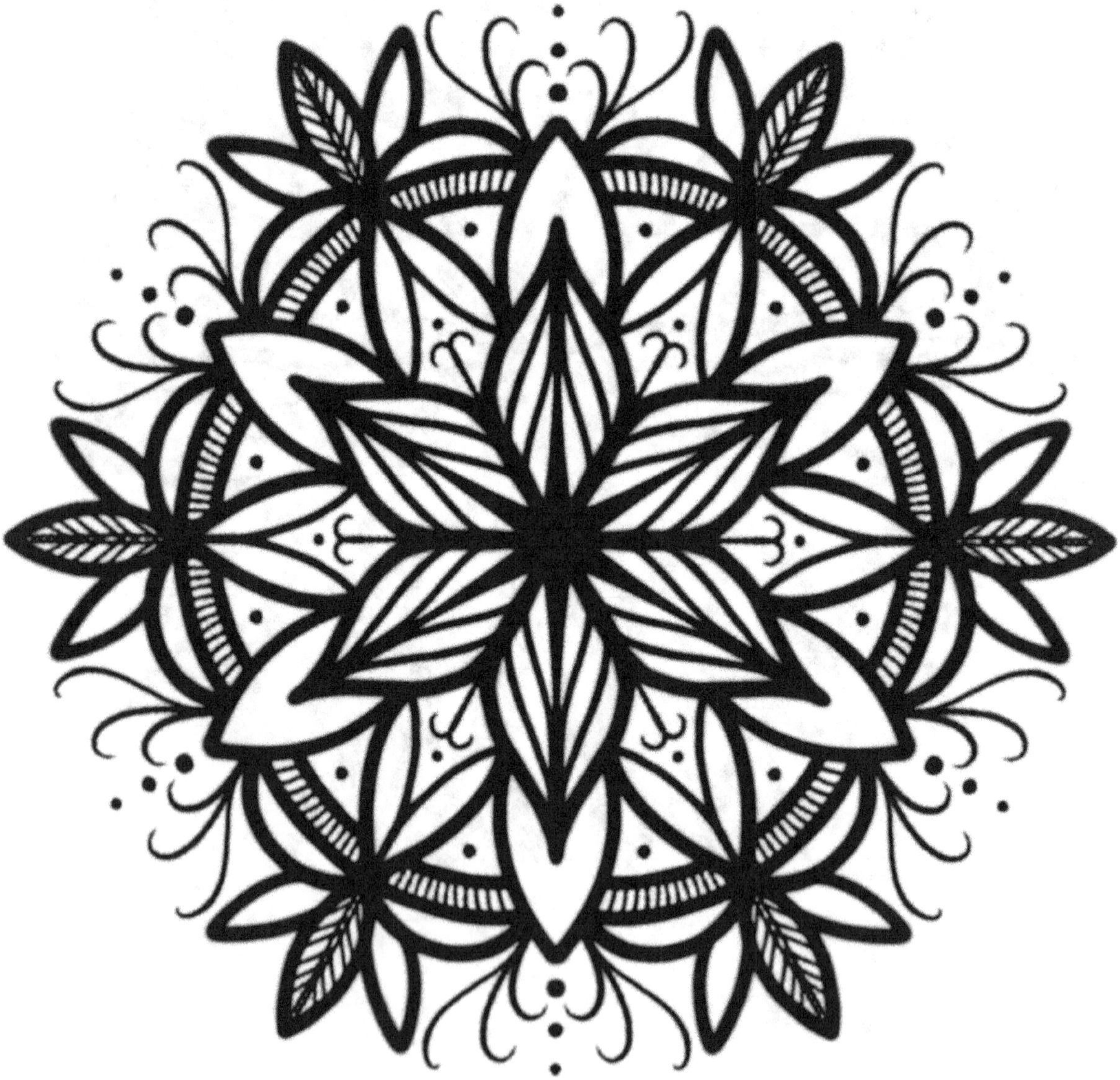

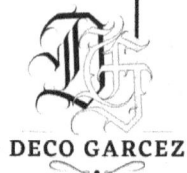

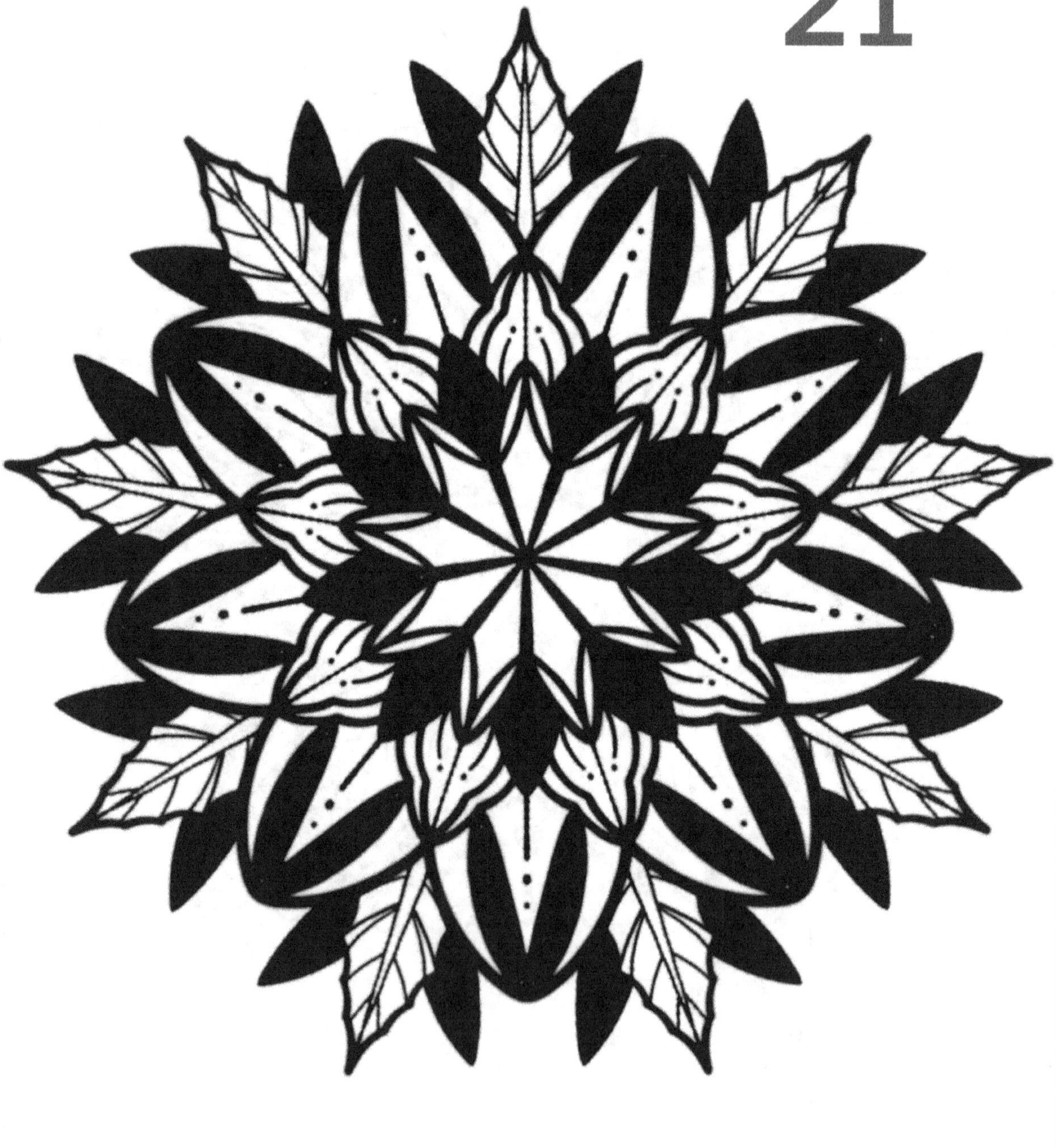

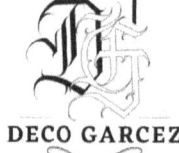

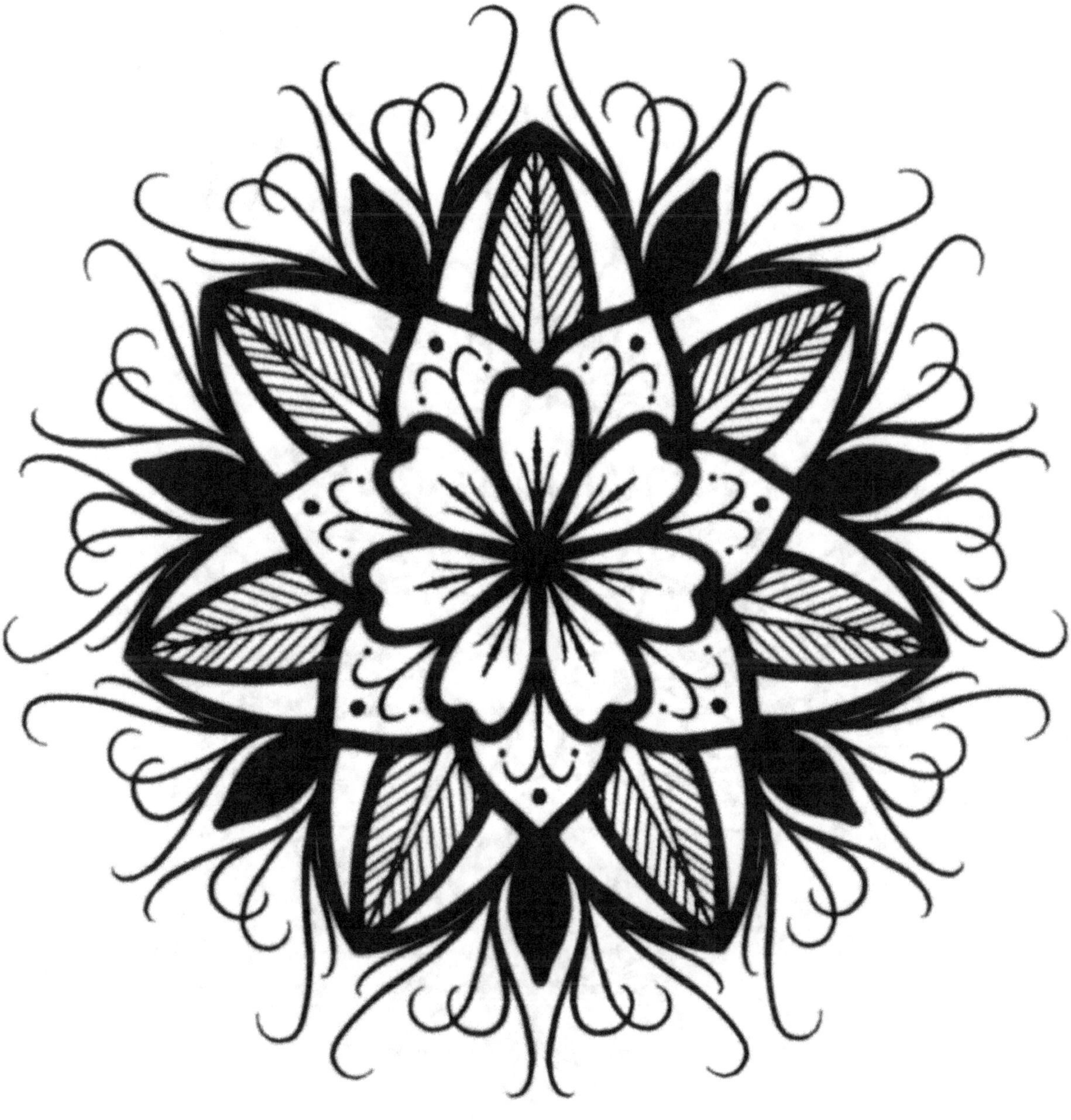

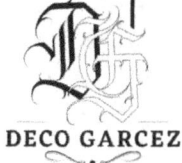

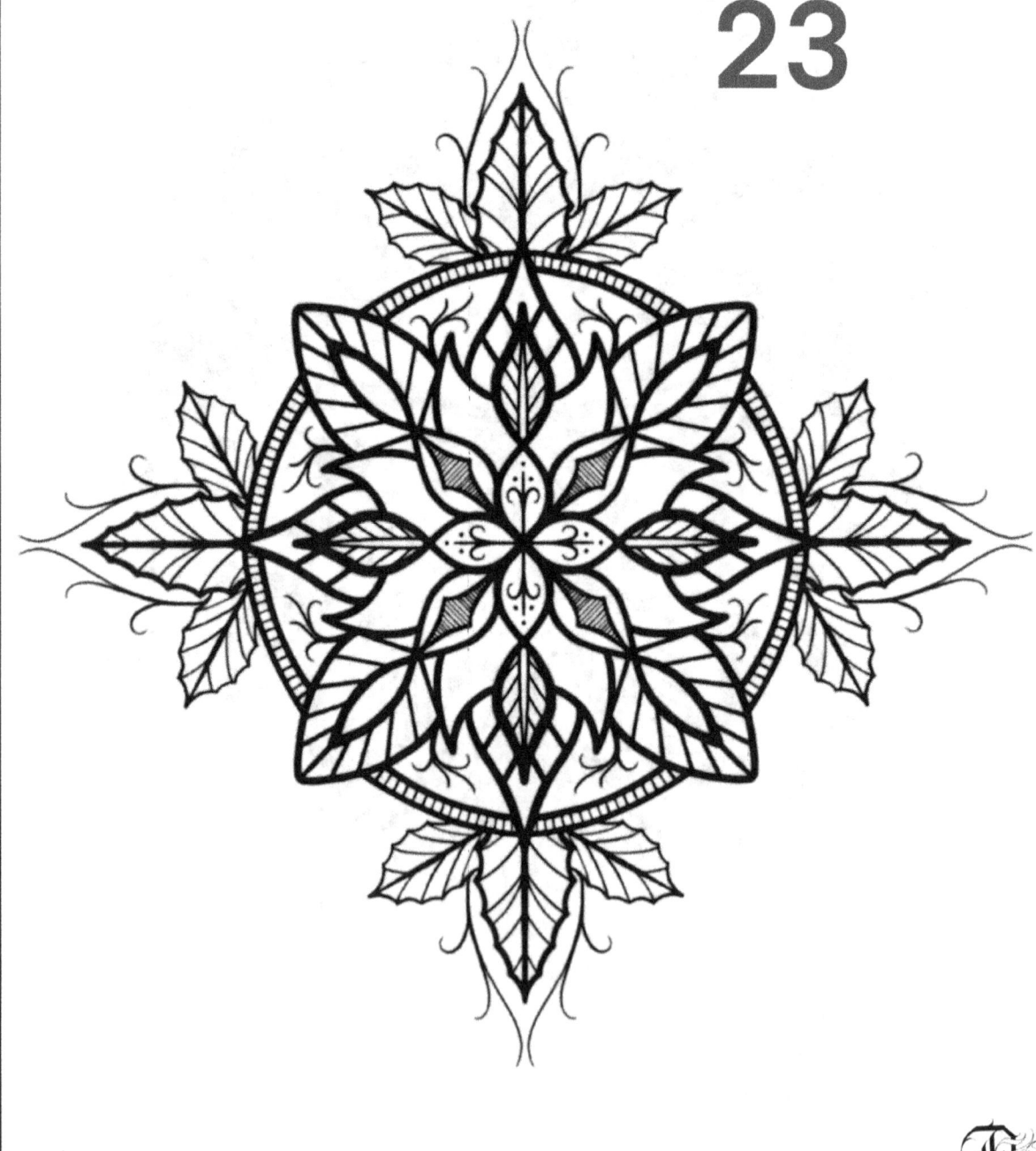

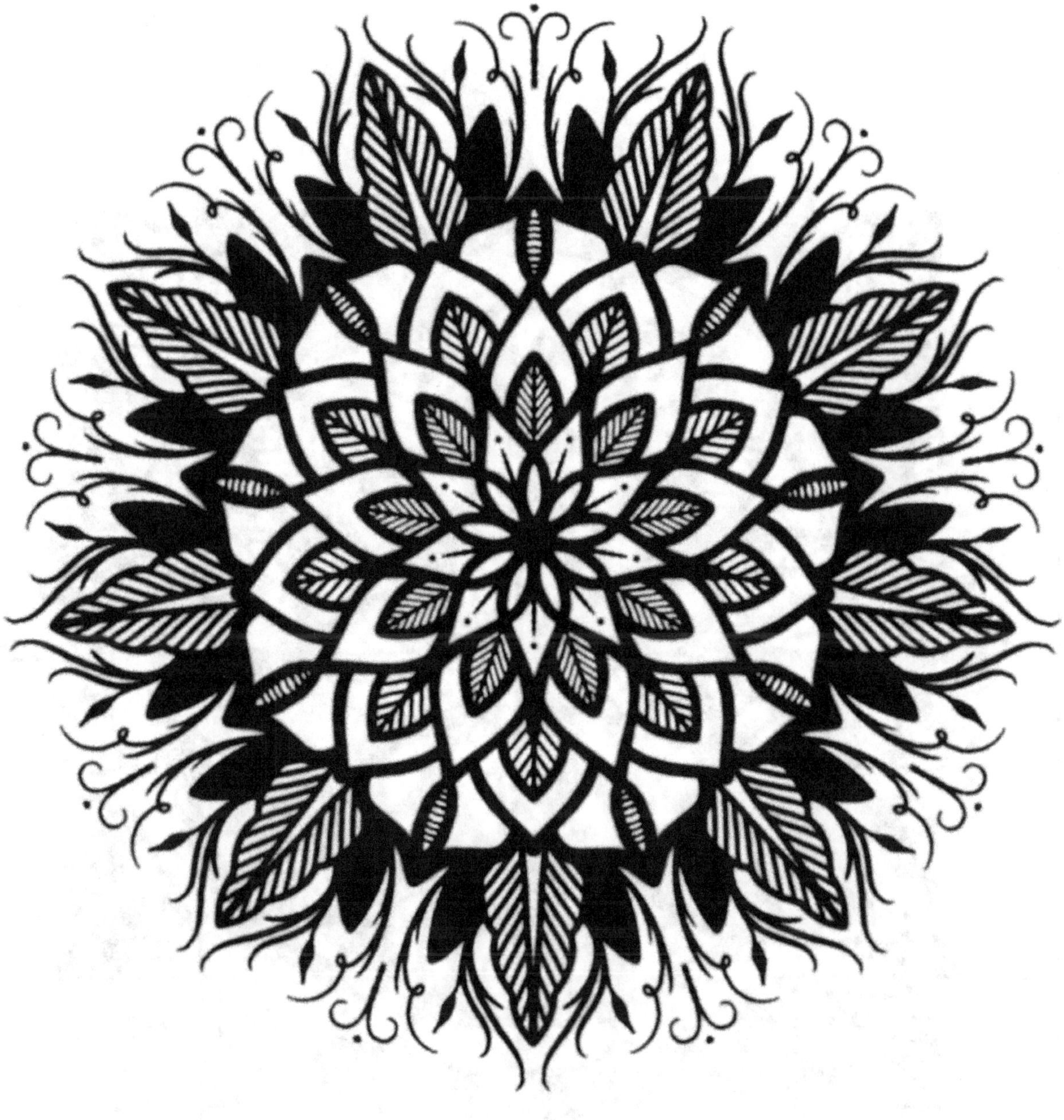

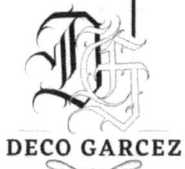

DECO GARCEZ

25

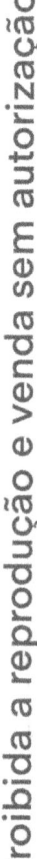
Proibida a reprodução e venda sem autorização

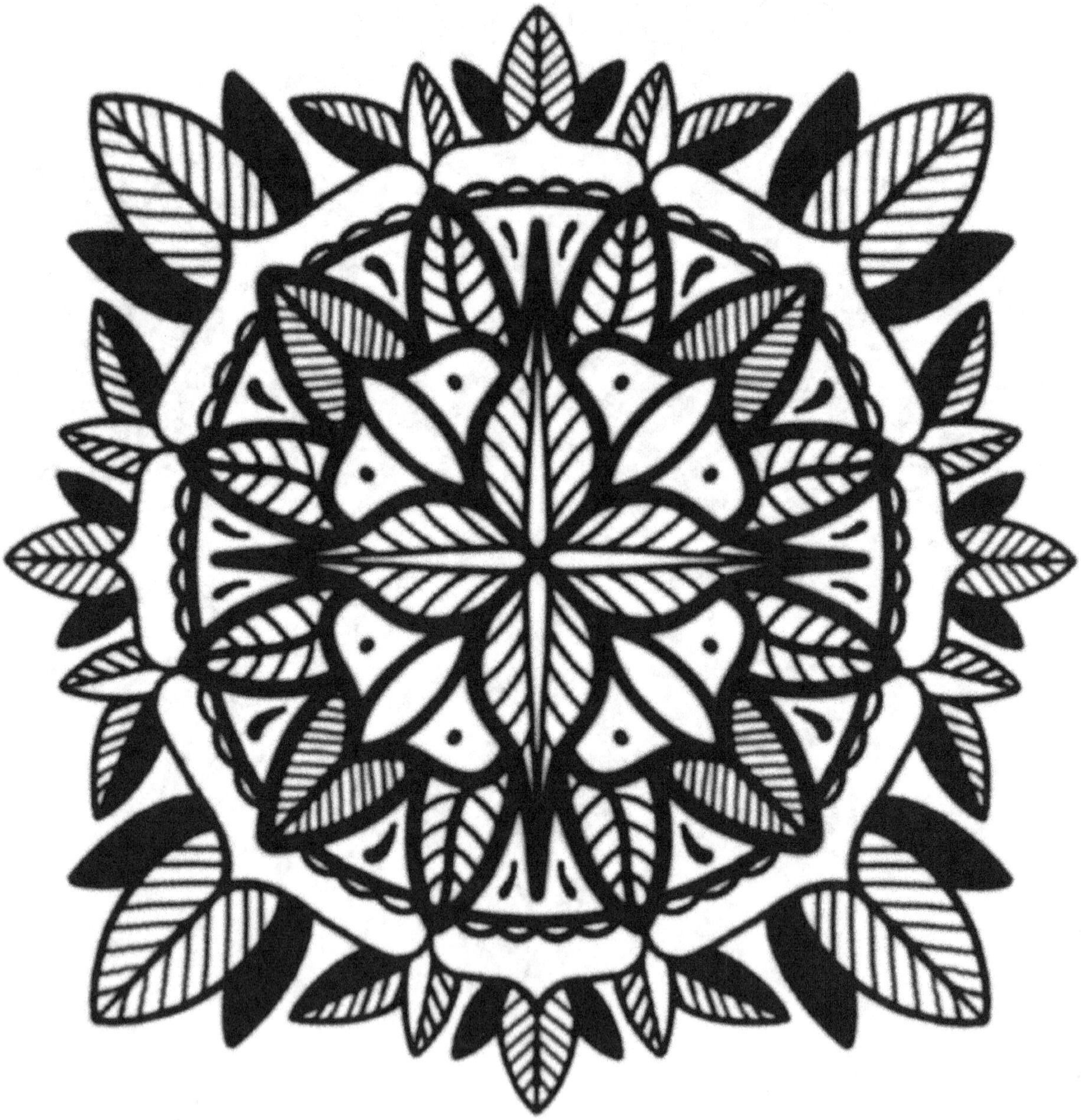

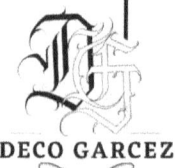
DECO GARCEZ
TATTOO

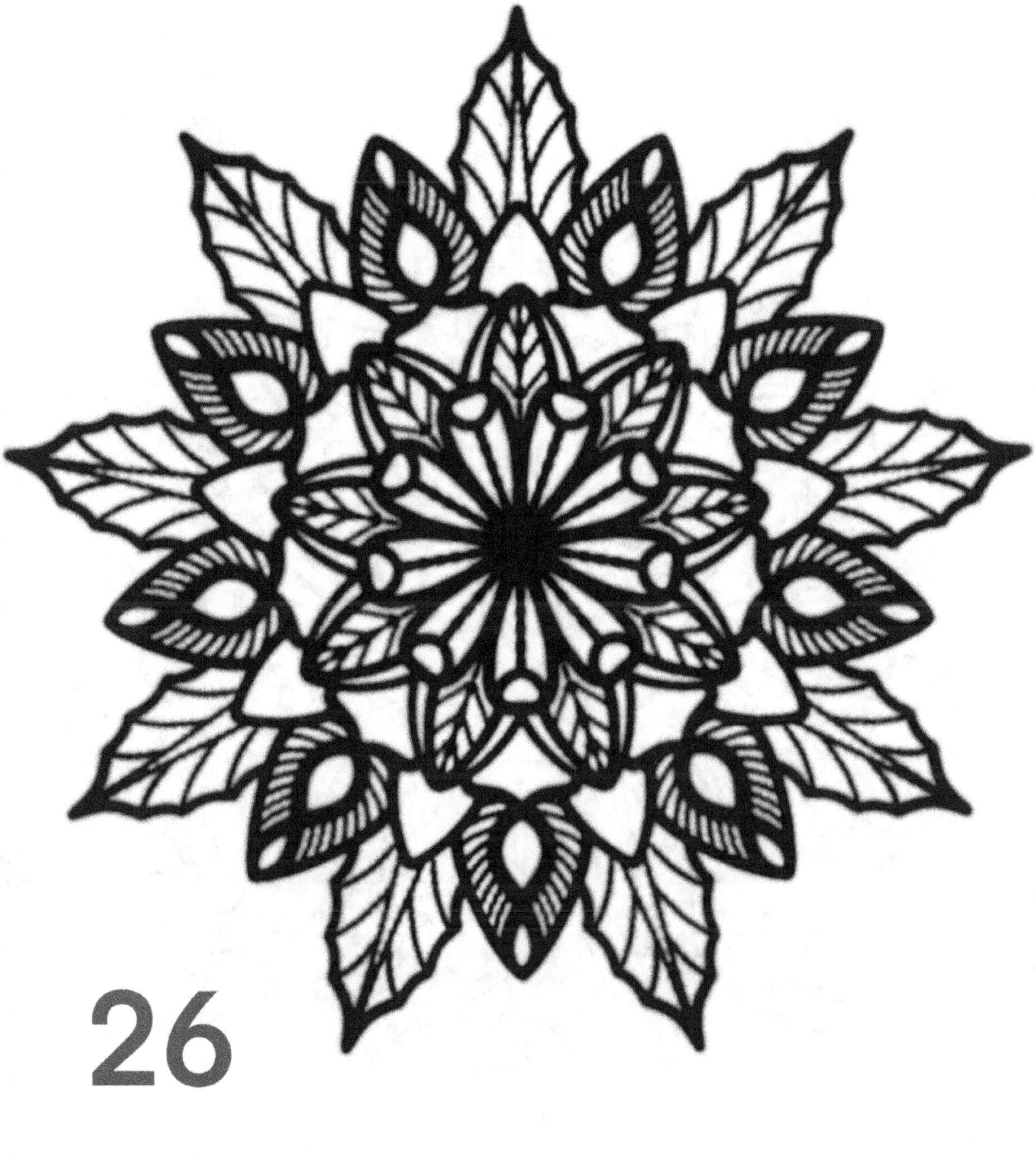

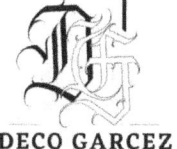

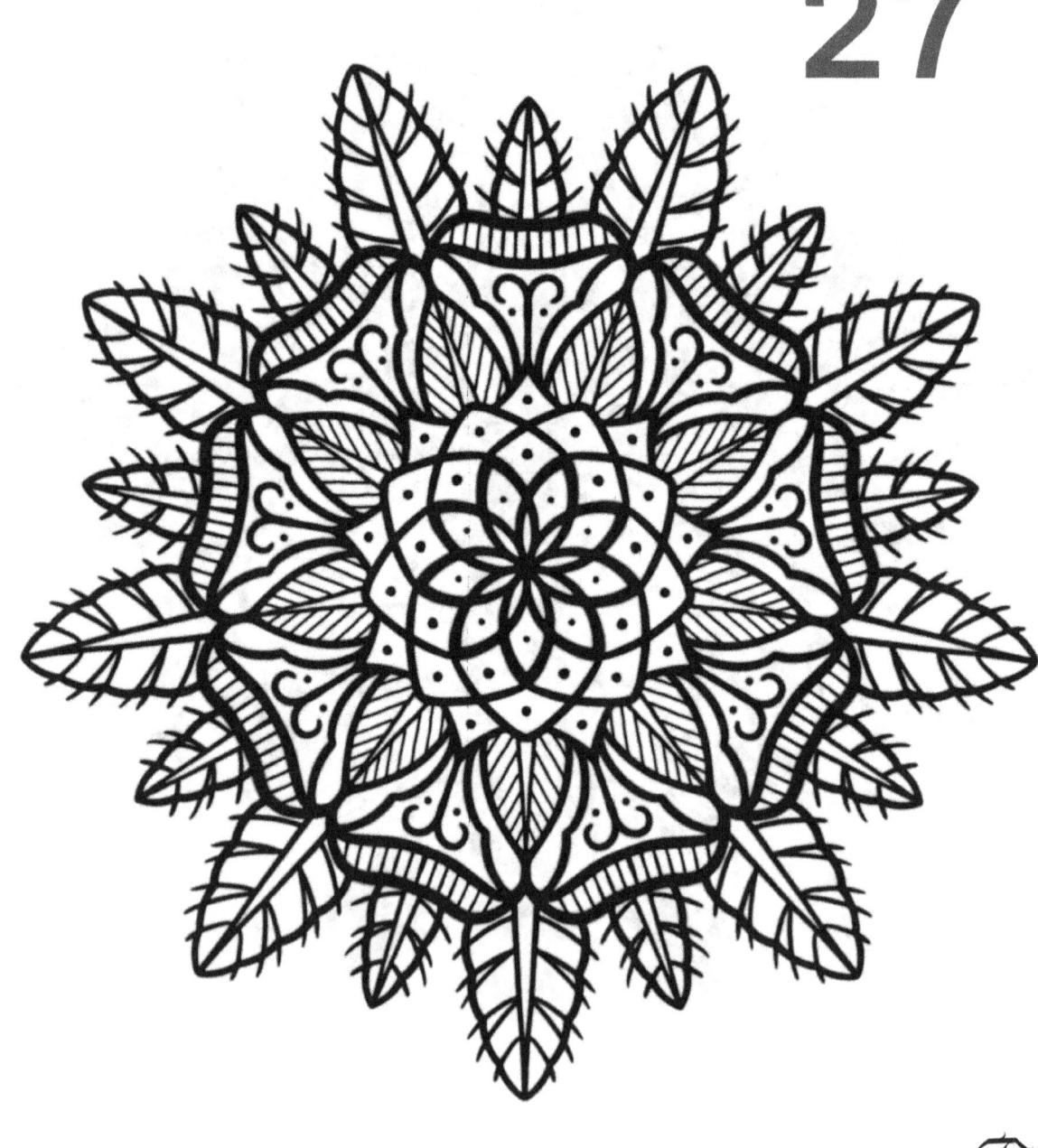

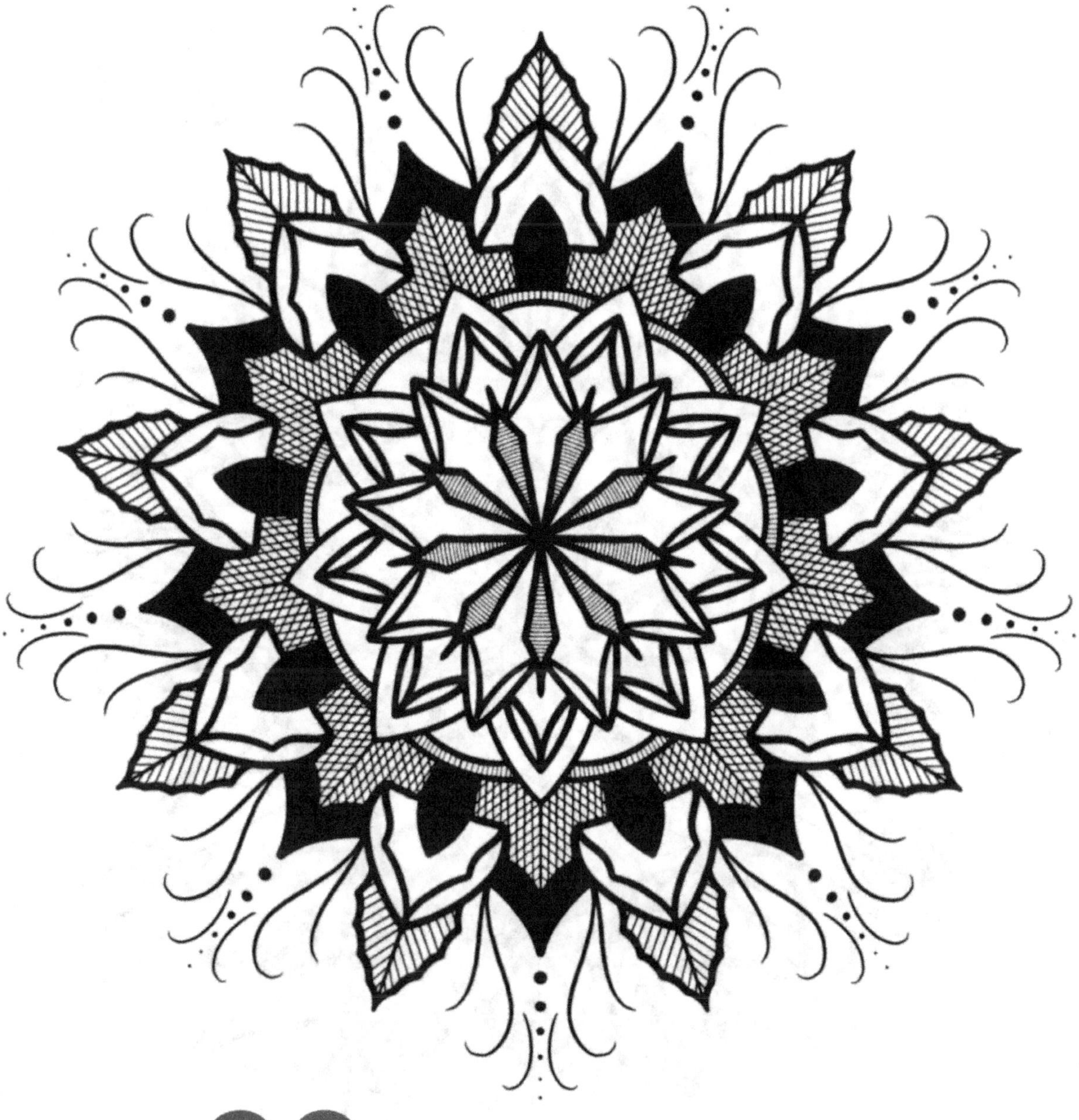

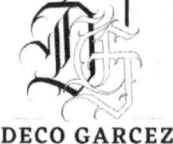

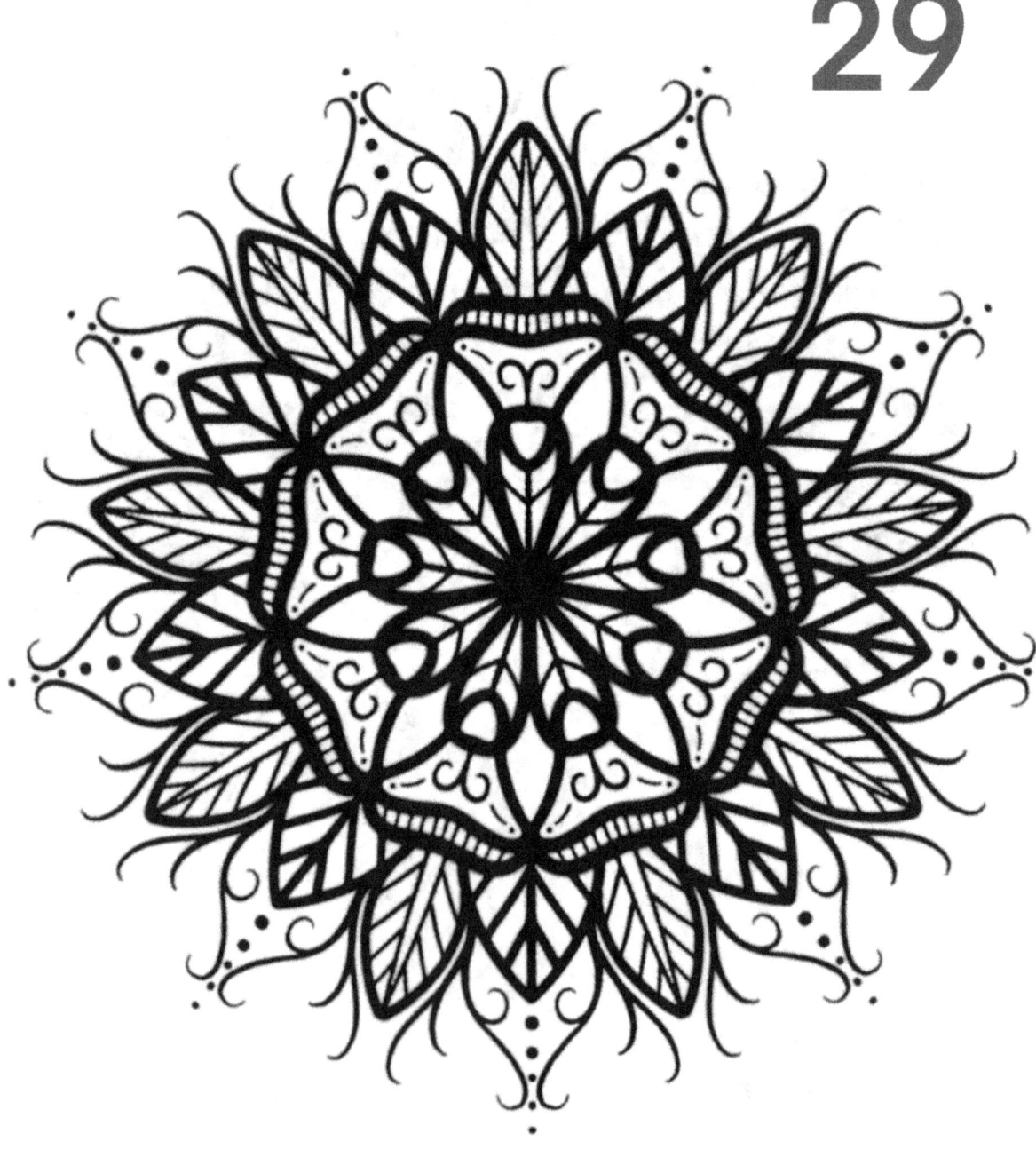

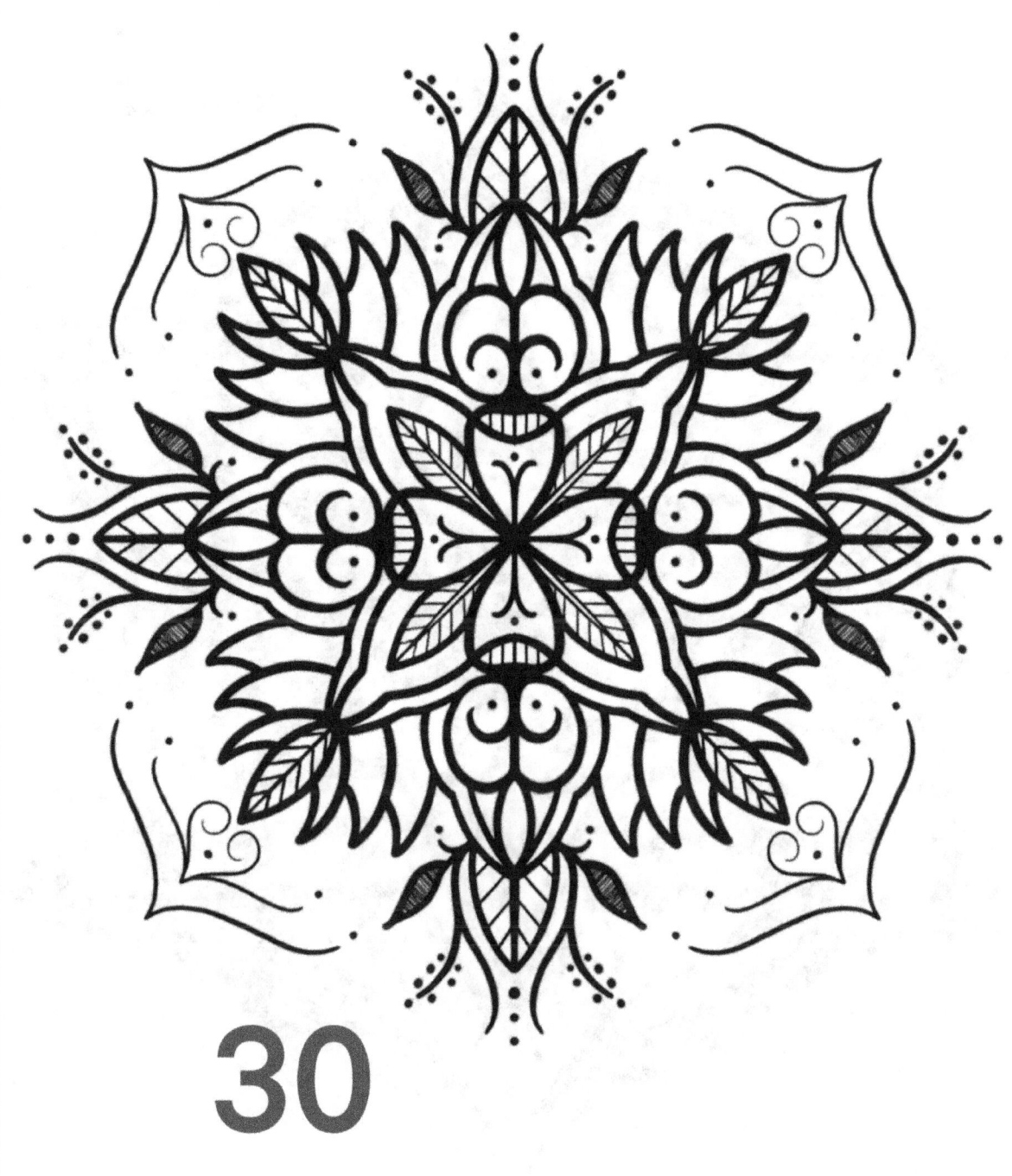

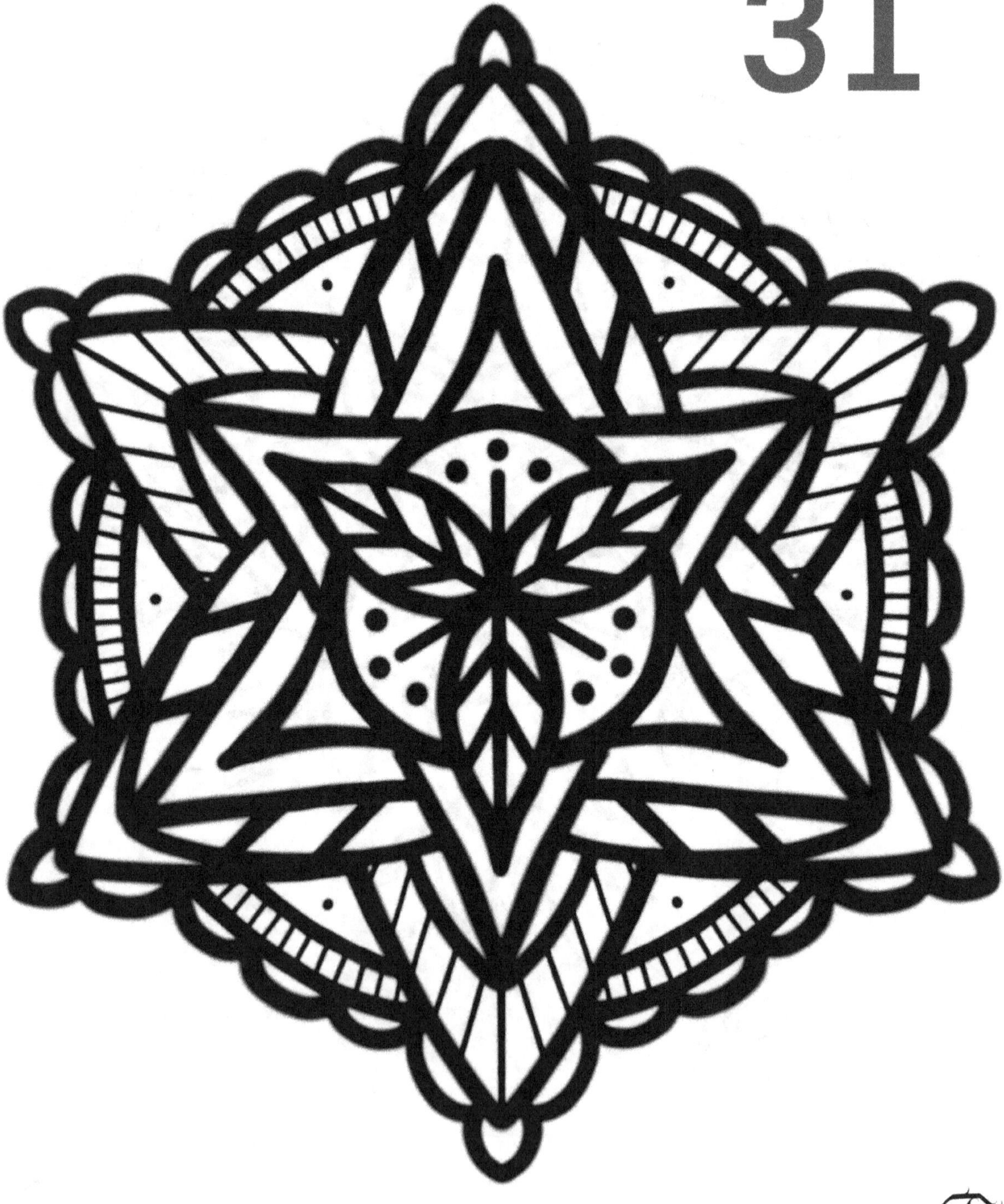

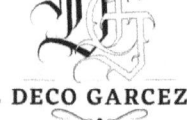

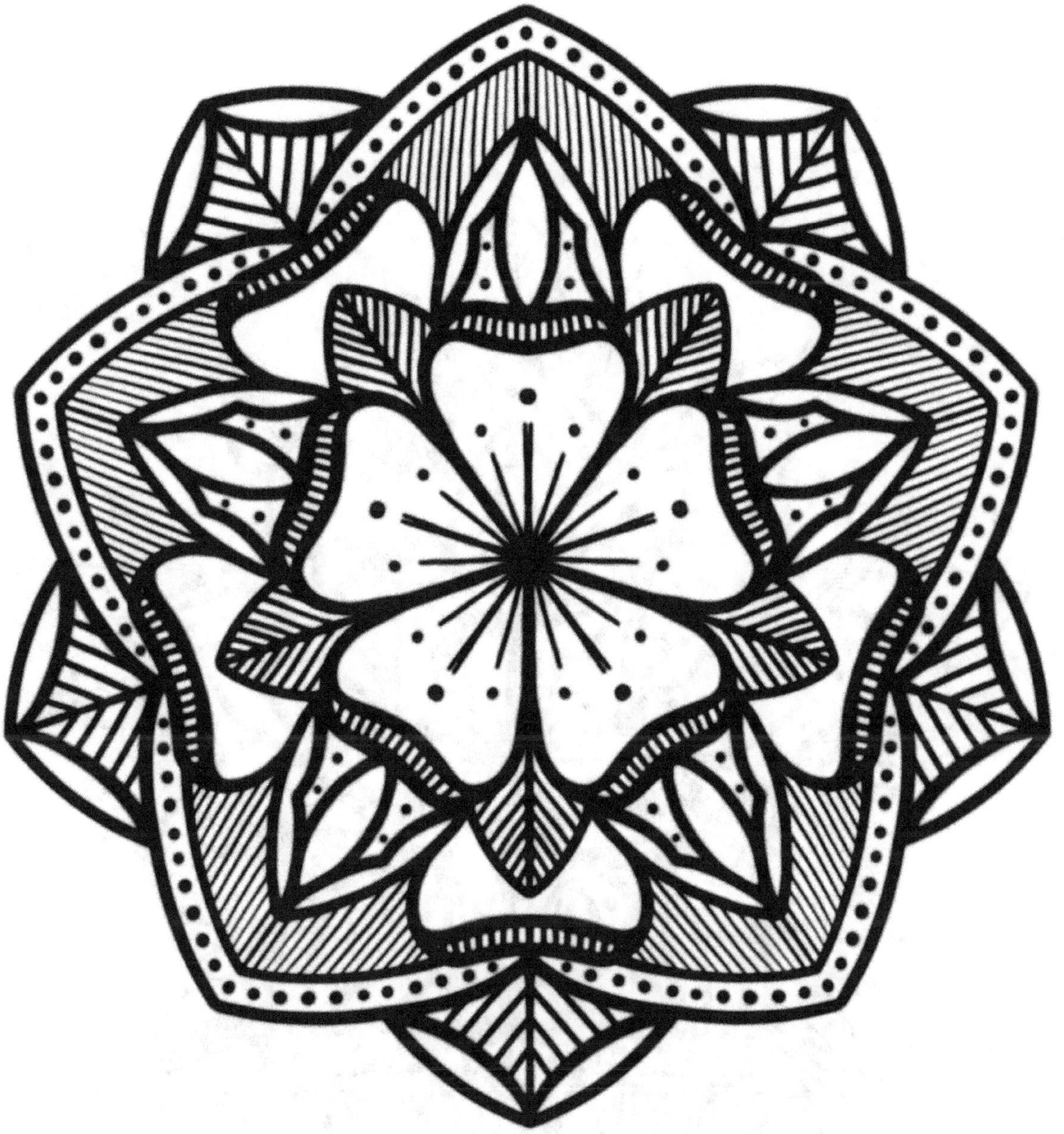

32

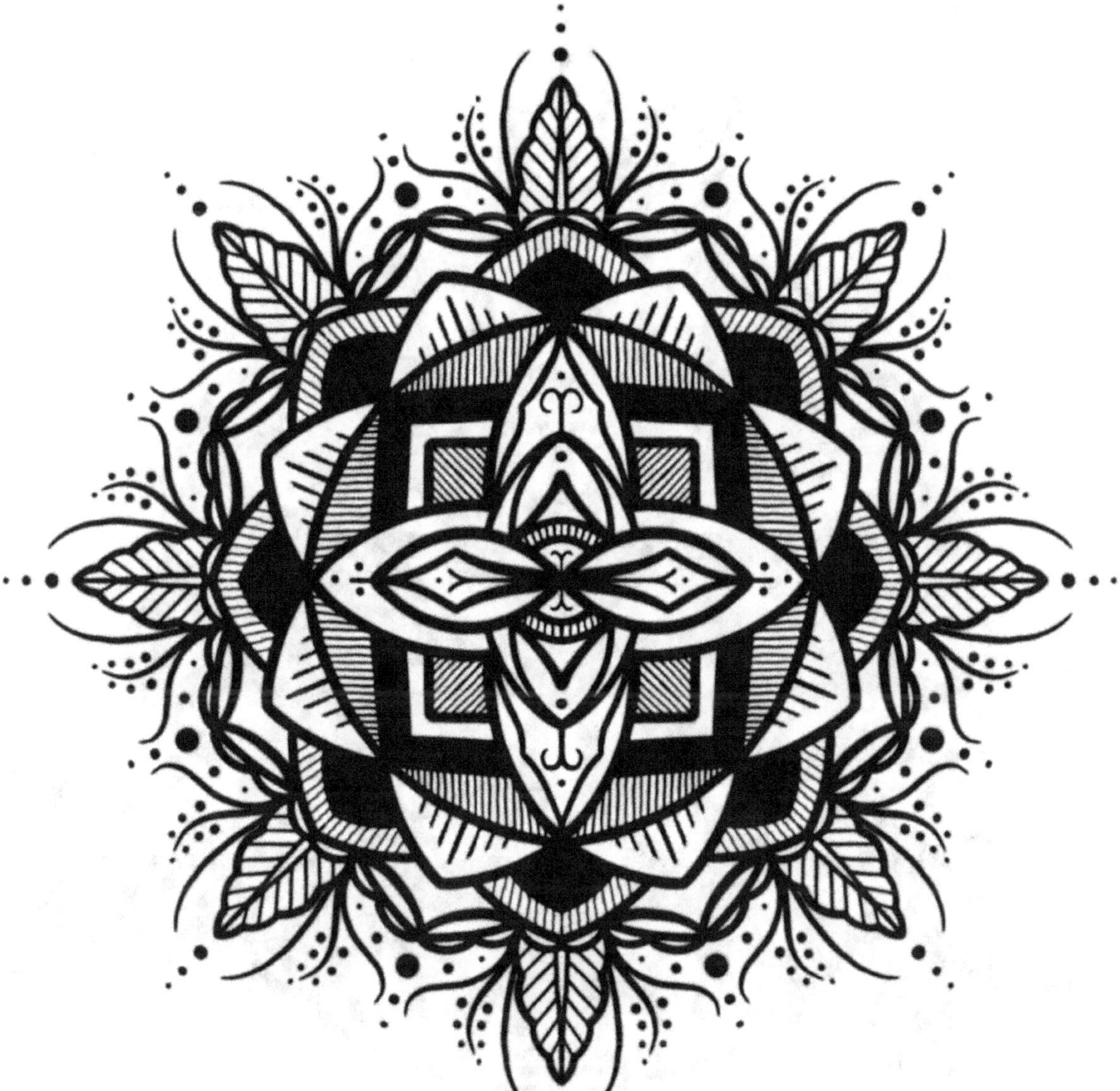

DECO GARCEZ

Proibida a reprodução e venda sem autorização

34

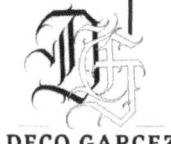

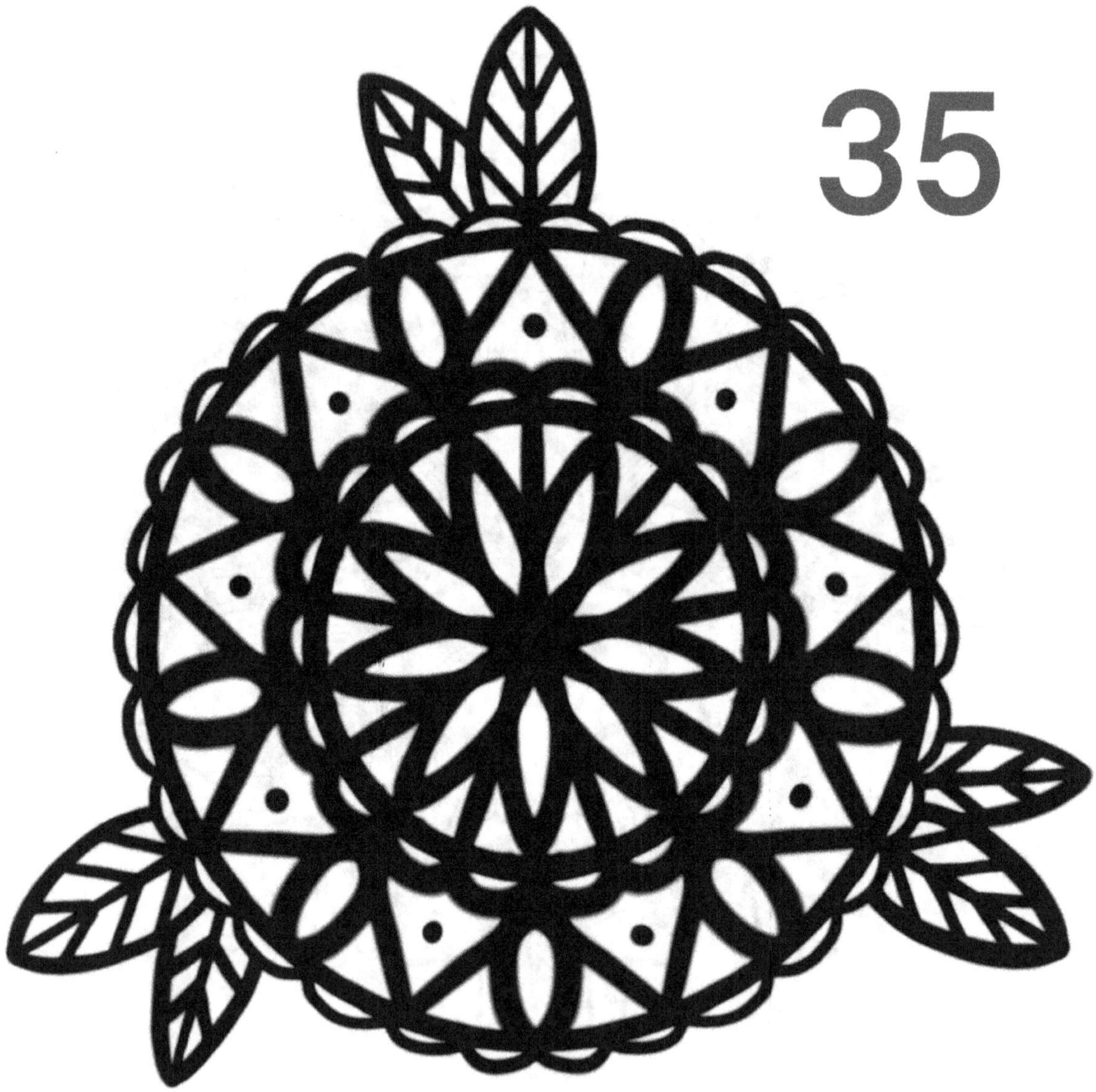

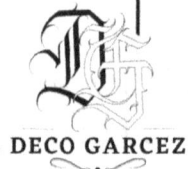

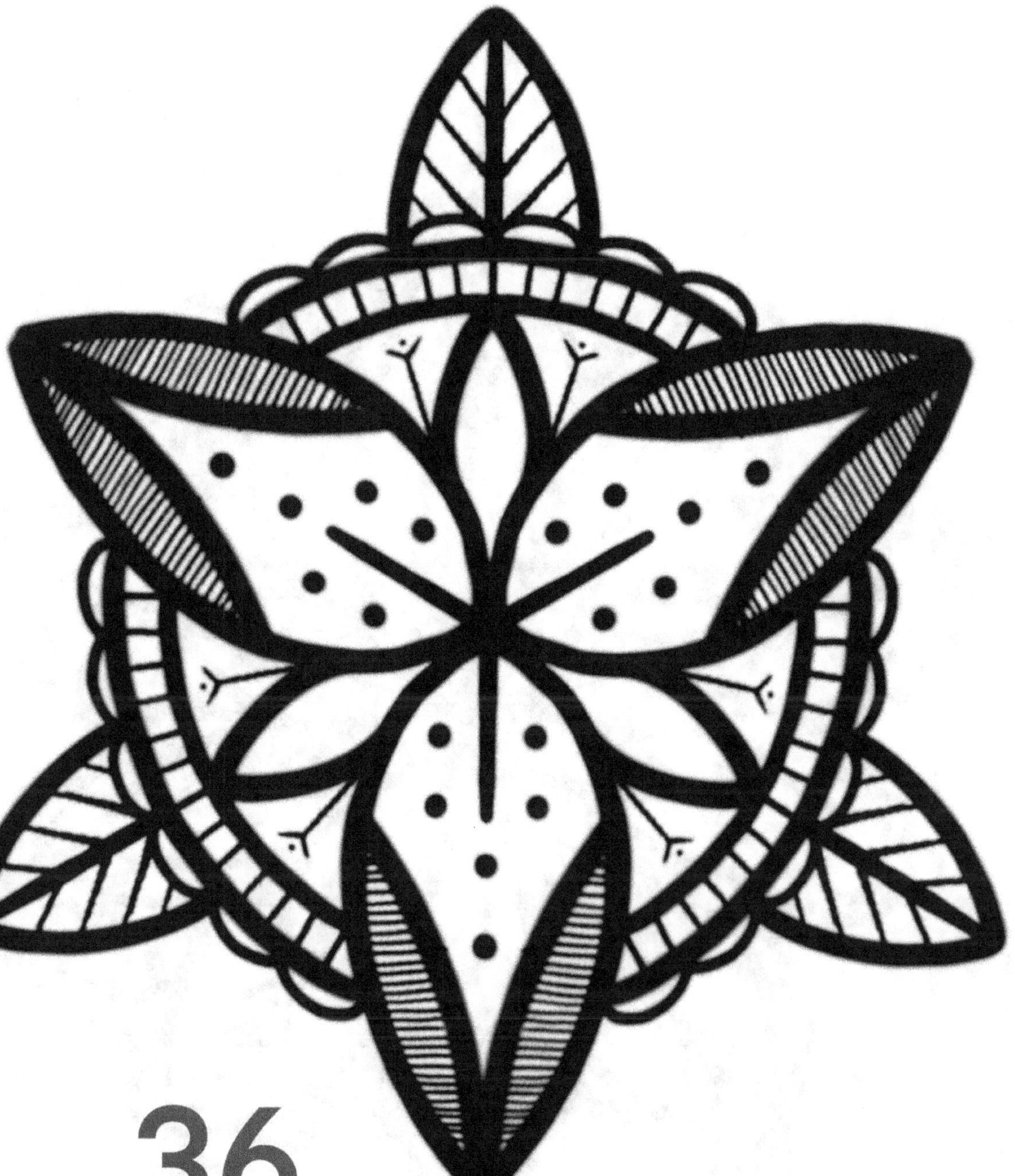

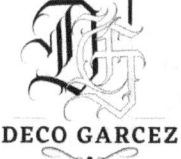

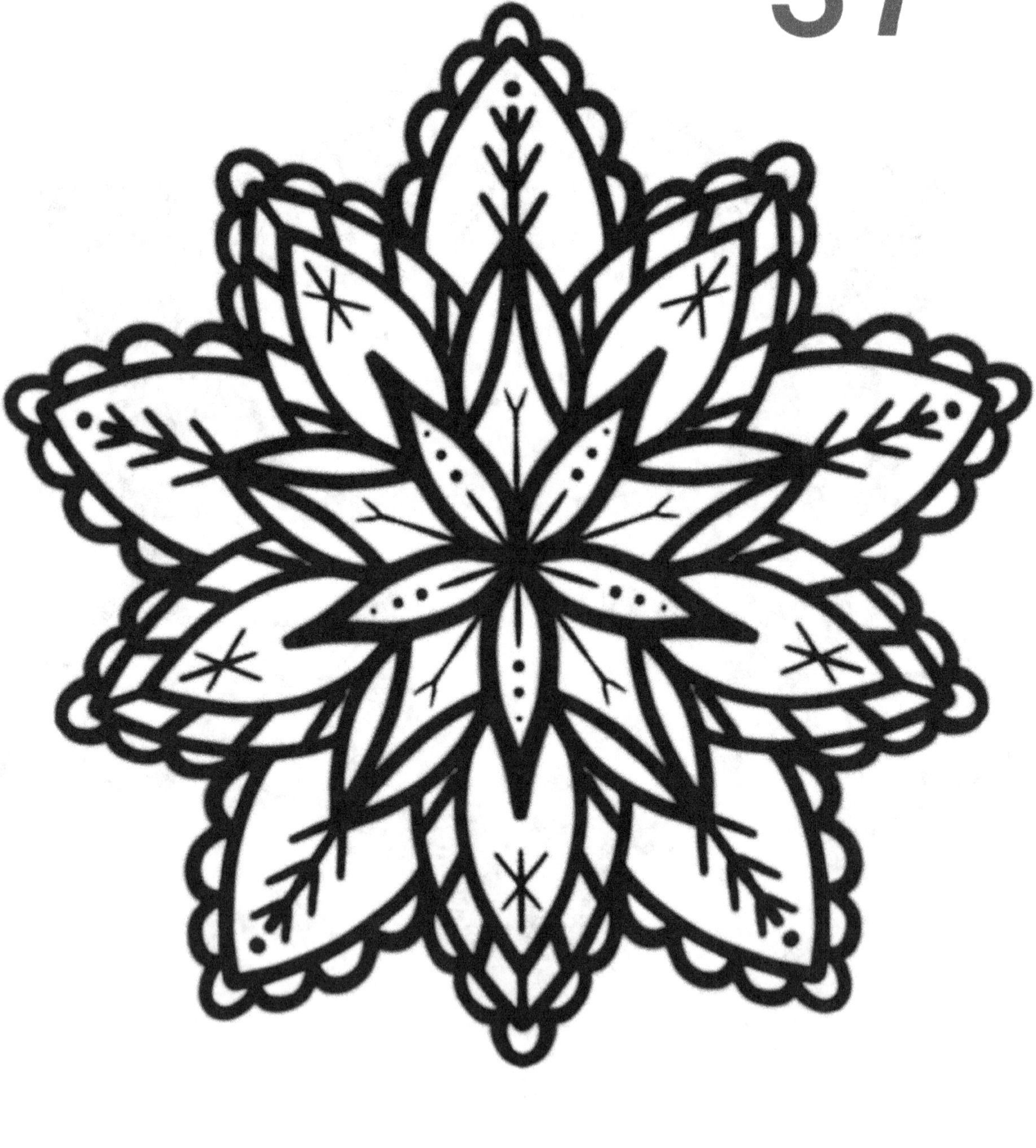

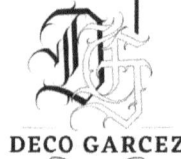

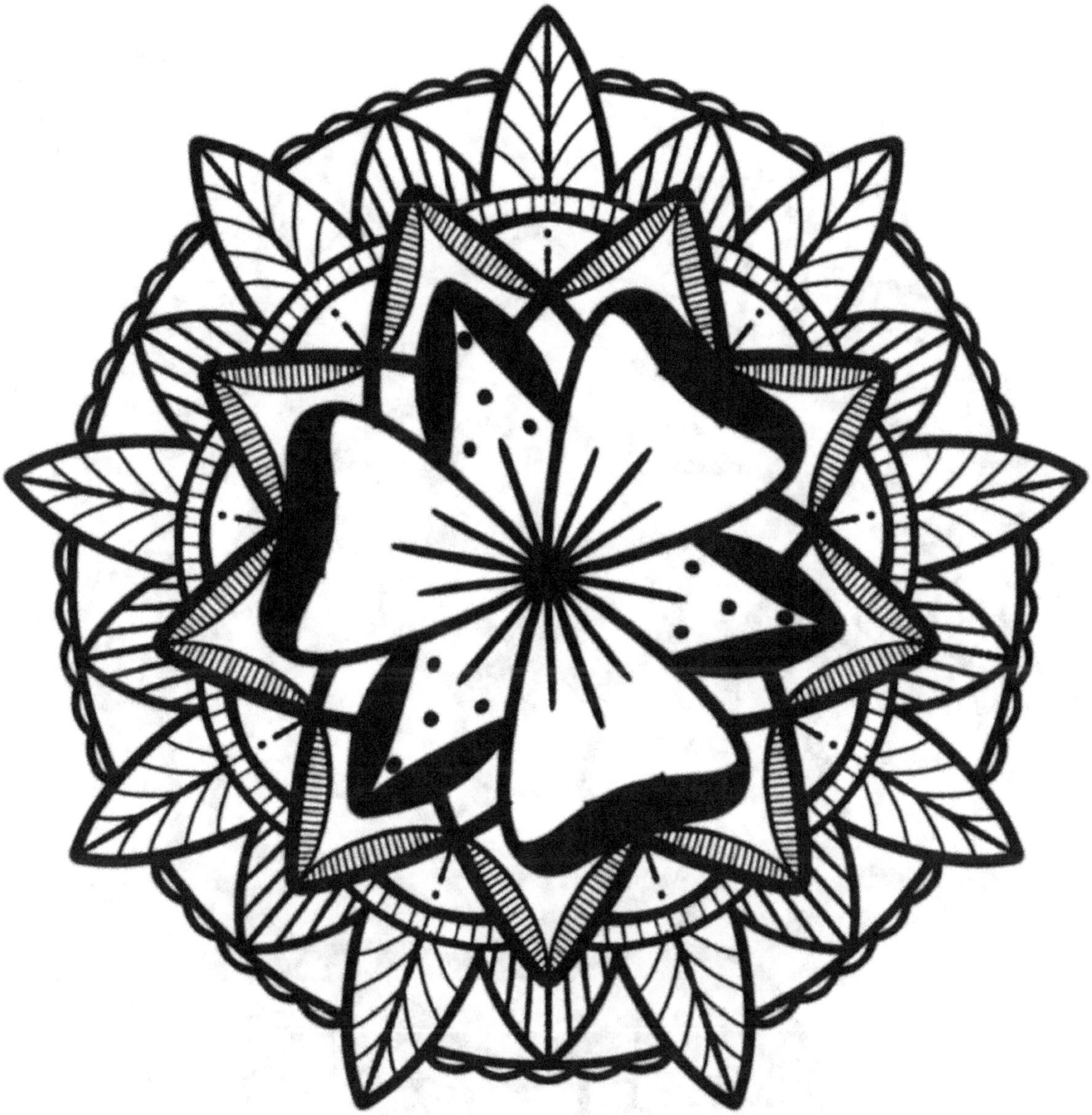

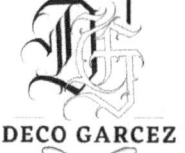

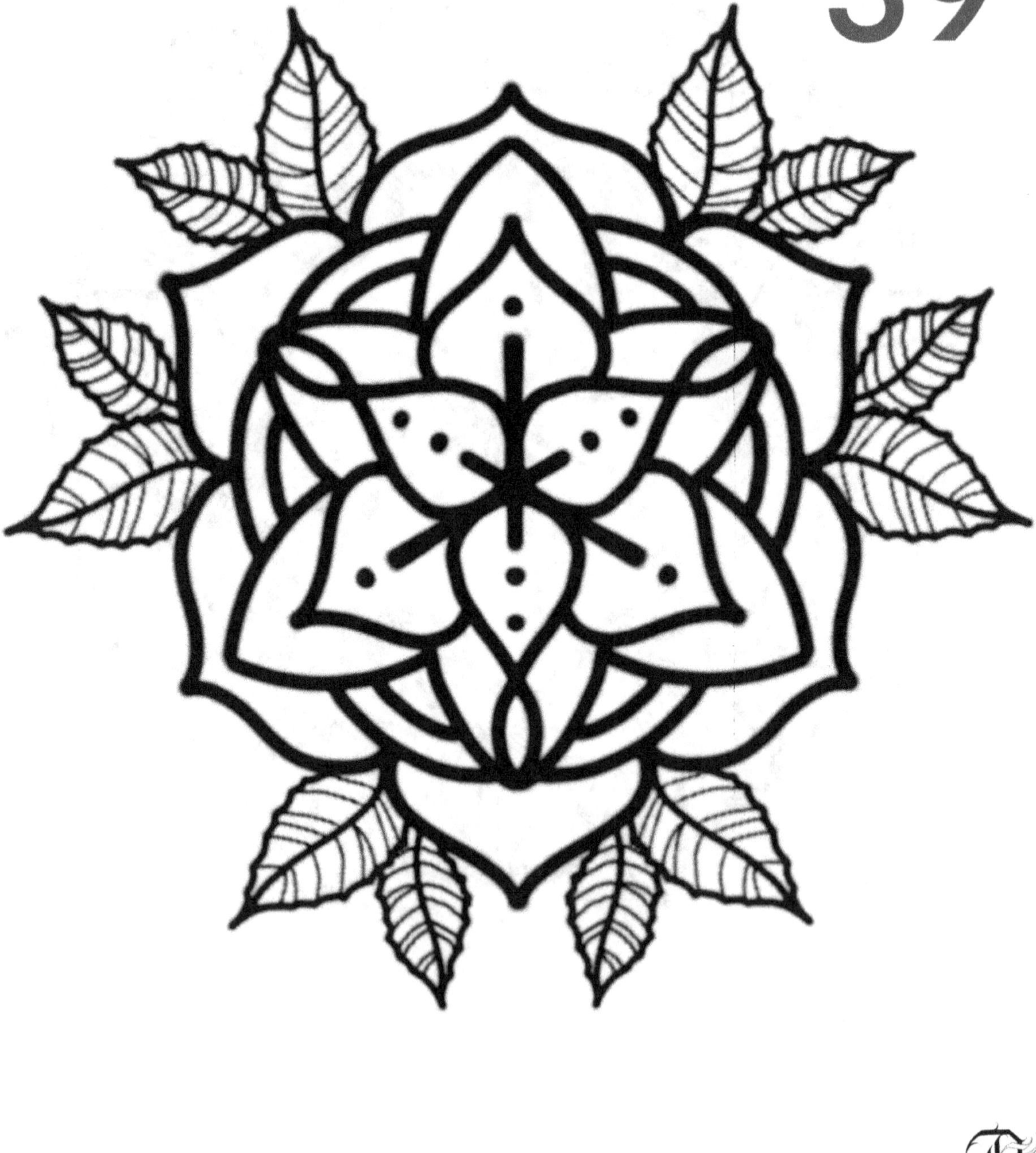

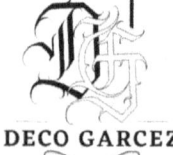

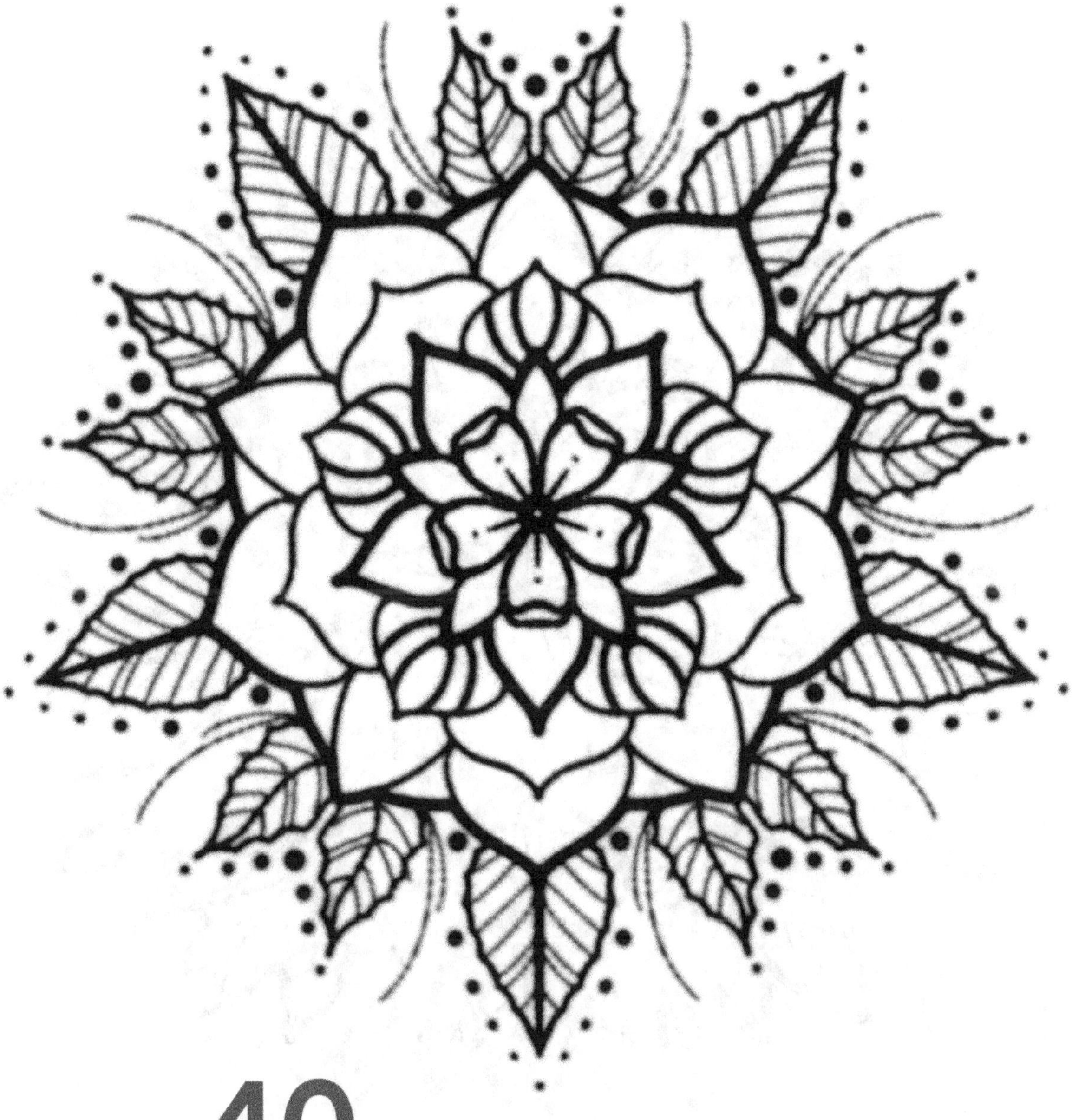

DECO GARCEZ

40

Proibida a reprodução e venda sem autorização

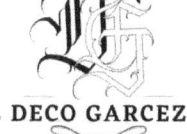

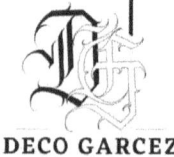

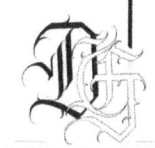

DECO GARCEZ

43

Proibida a reprodução e venda sem autorização

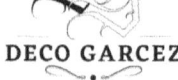

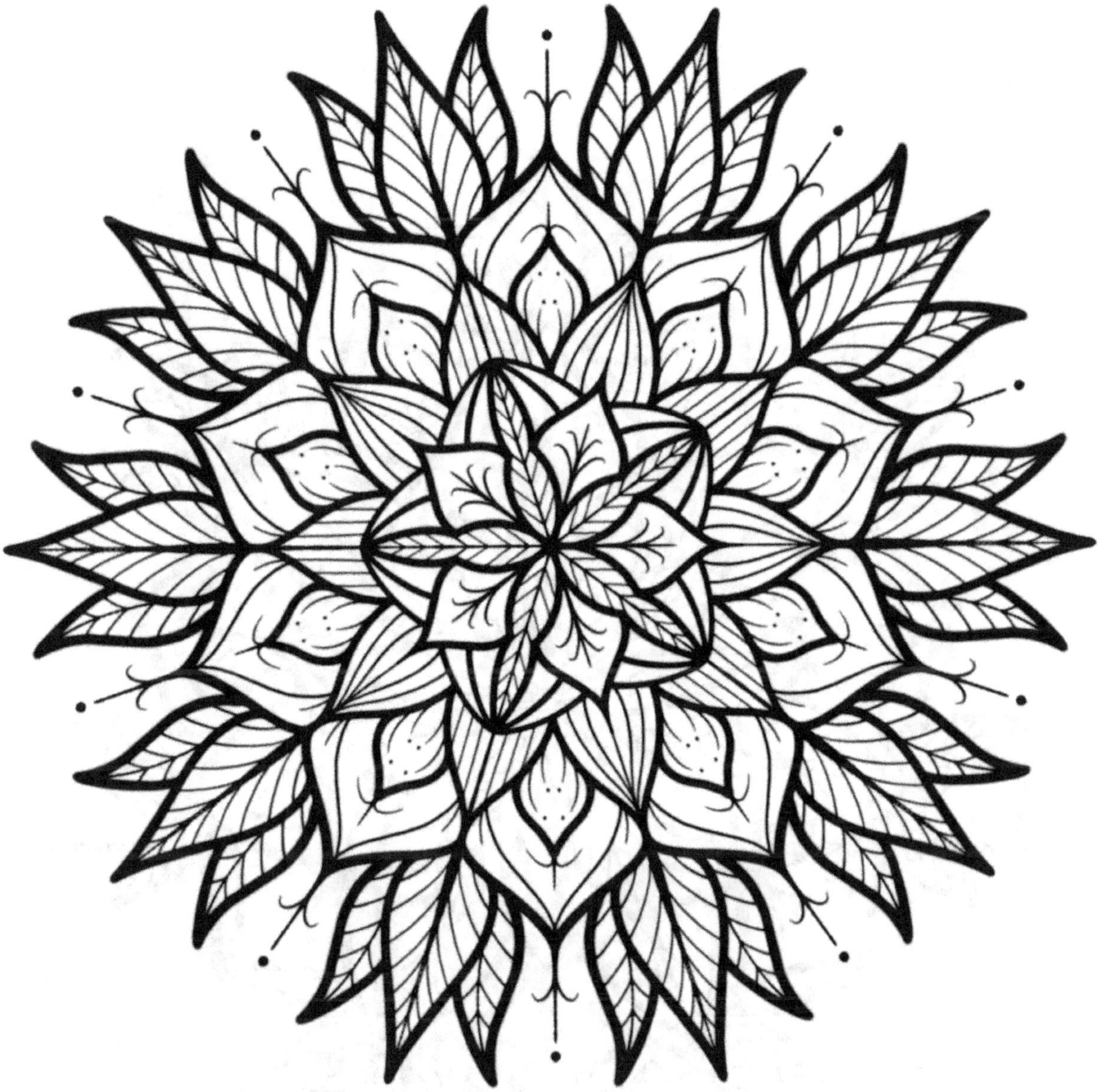

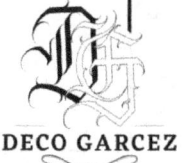

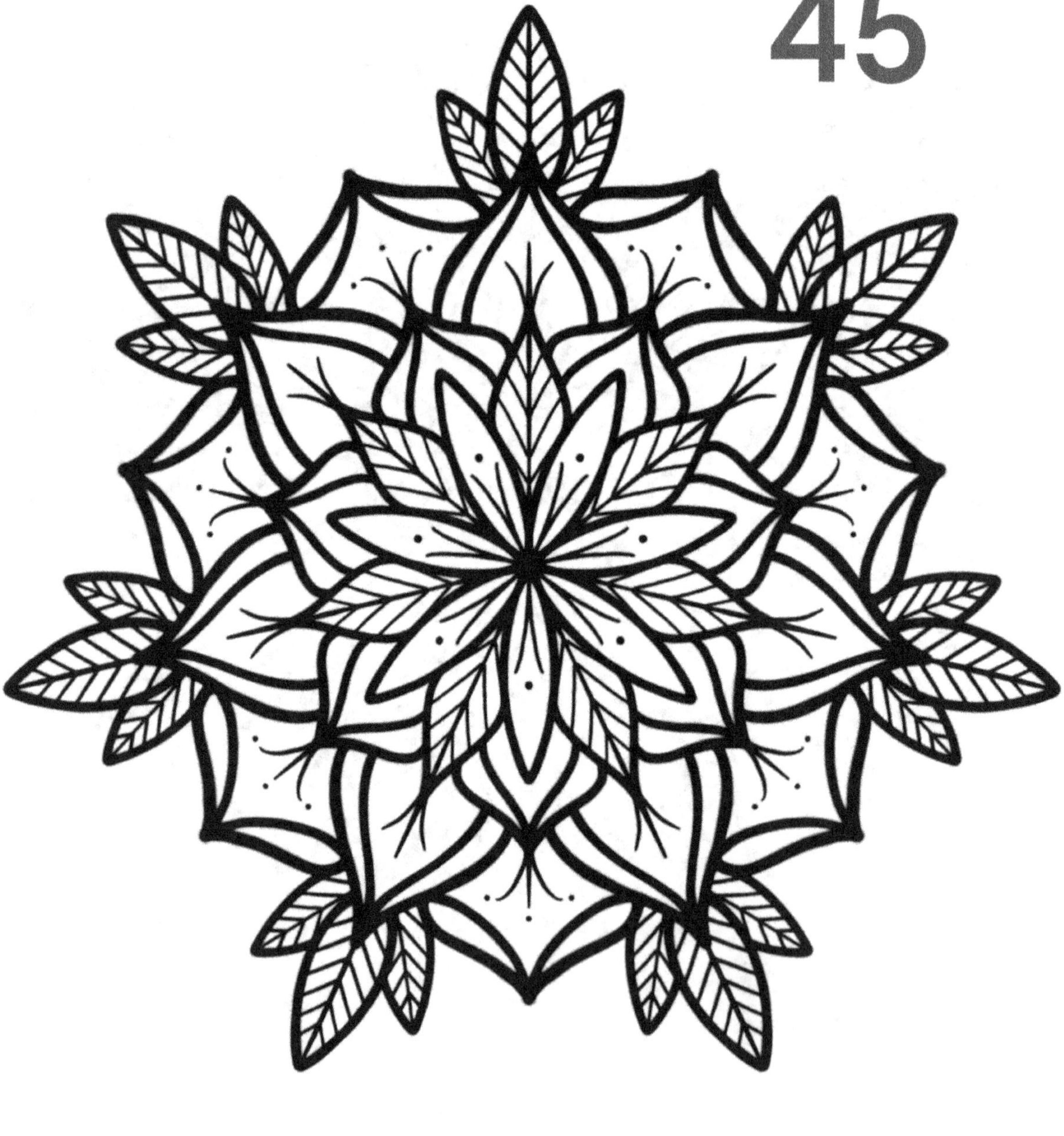

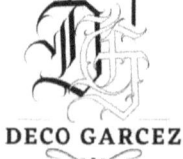

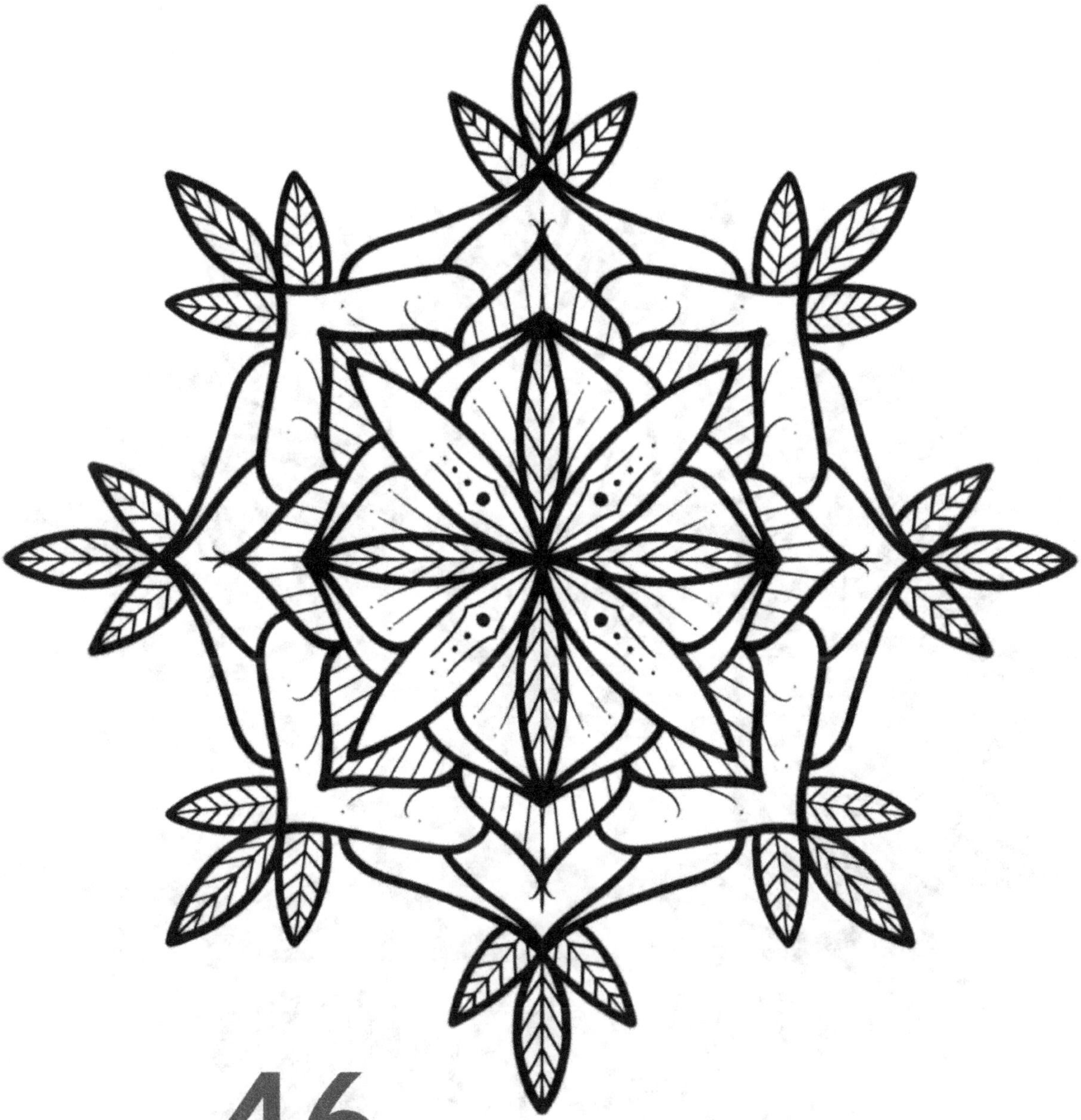

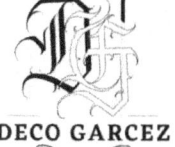

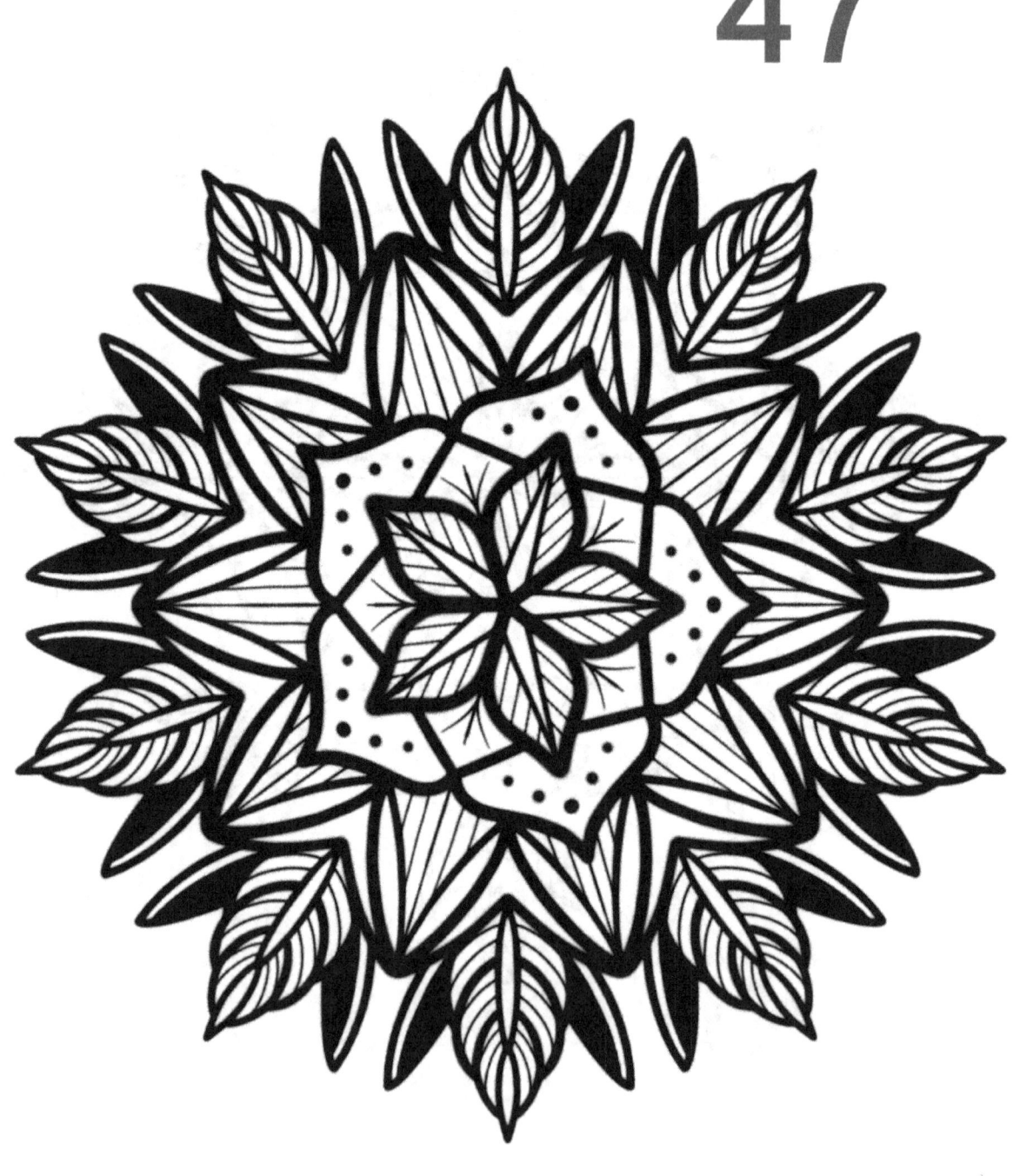

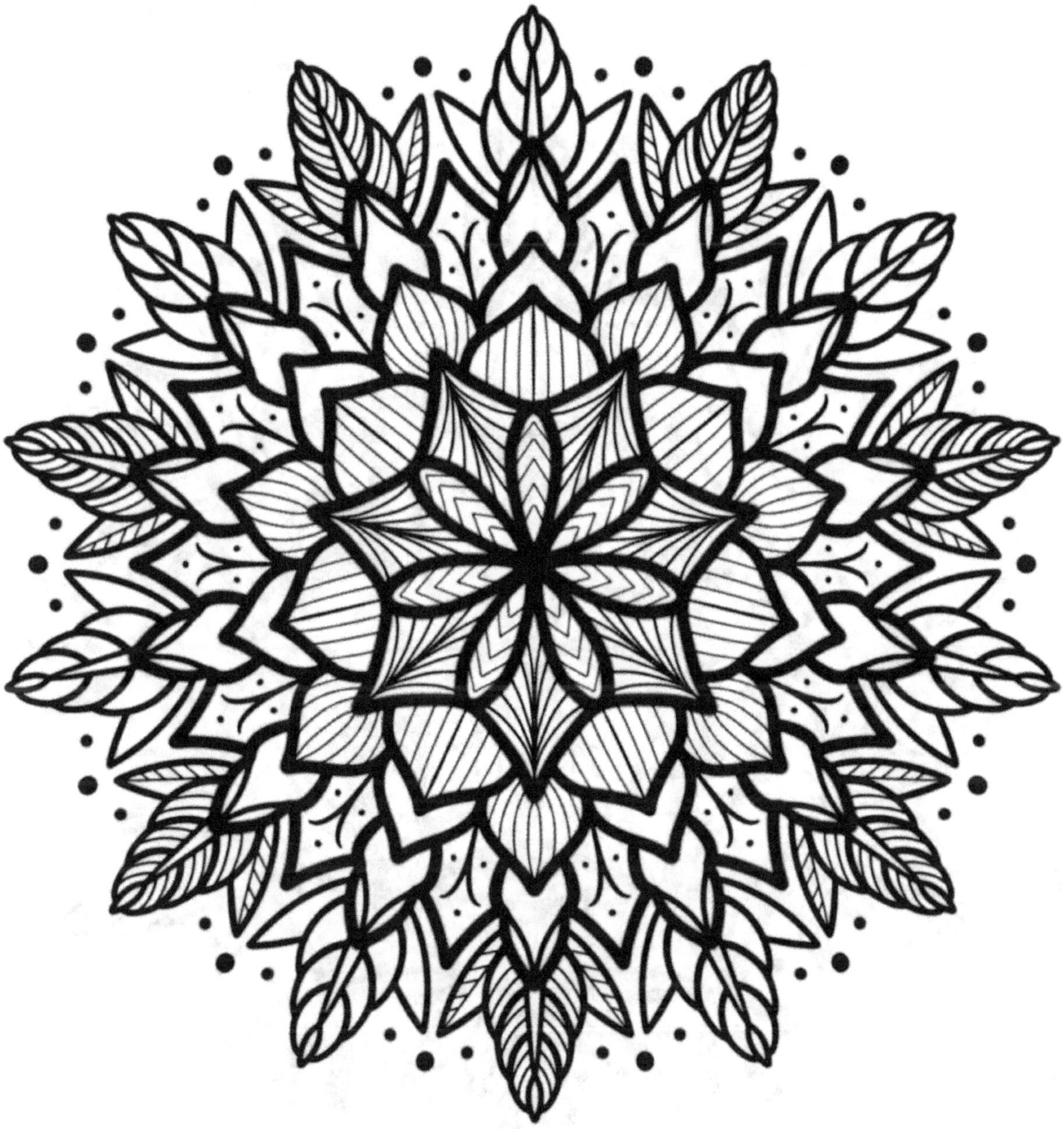

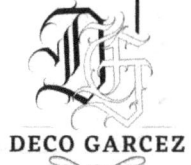

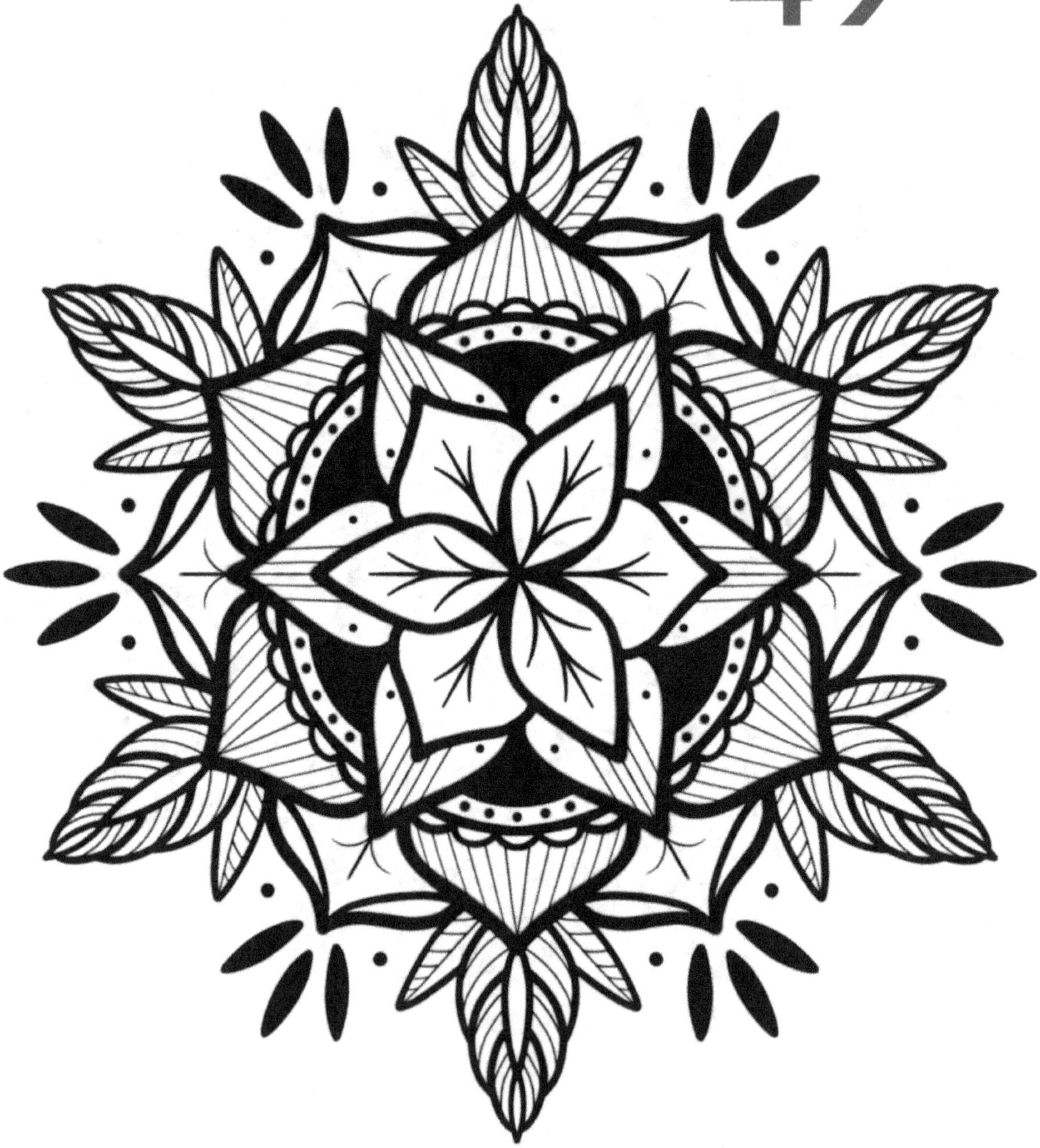

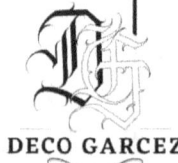

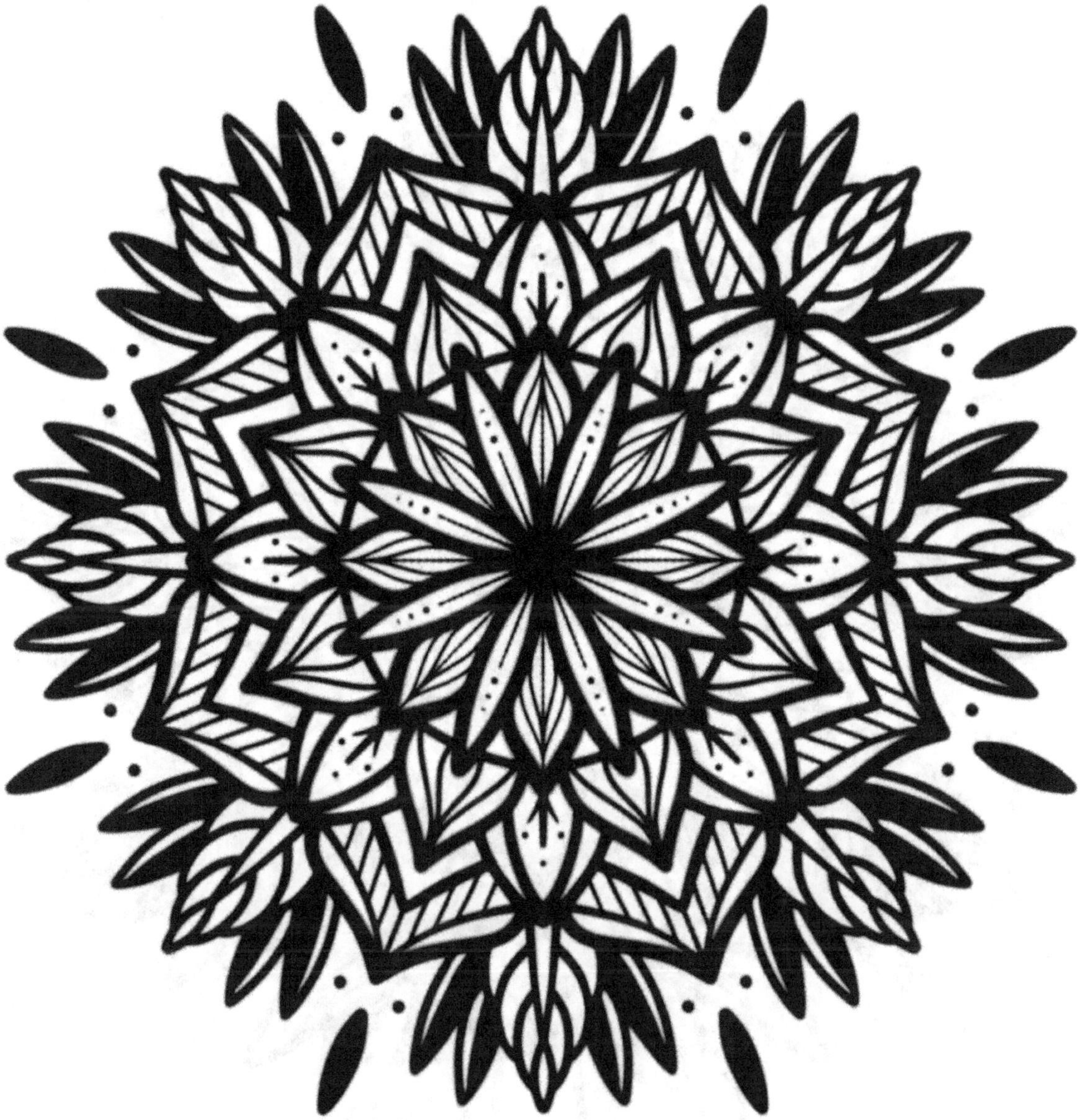

DECO GARCEZ

Proibida a reprodução e venda sem autorização

50

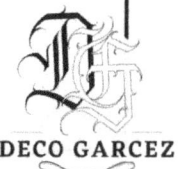

DECO GARCEZ

51

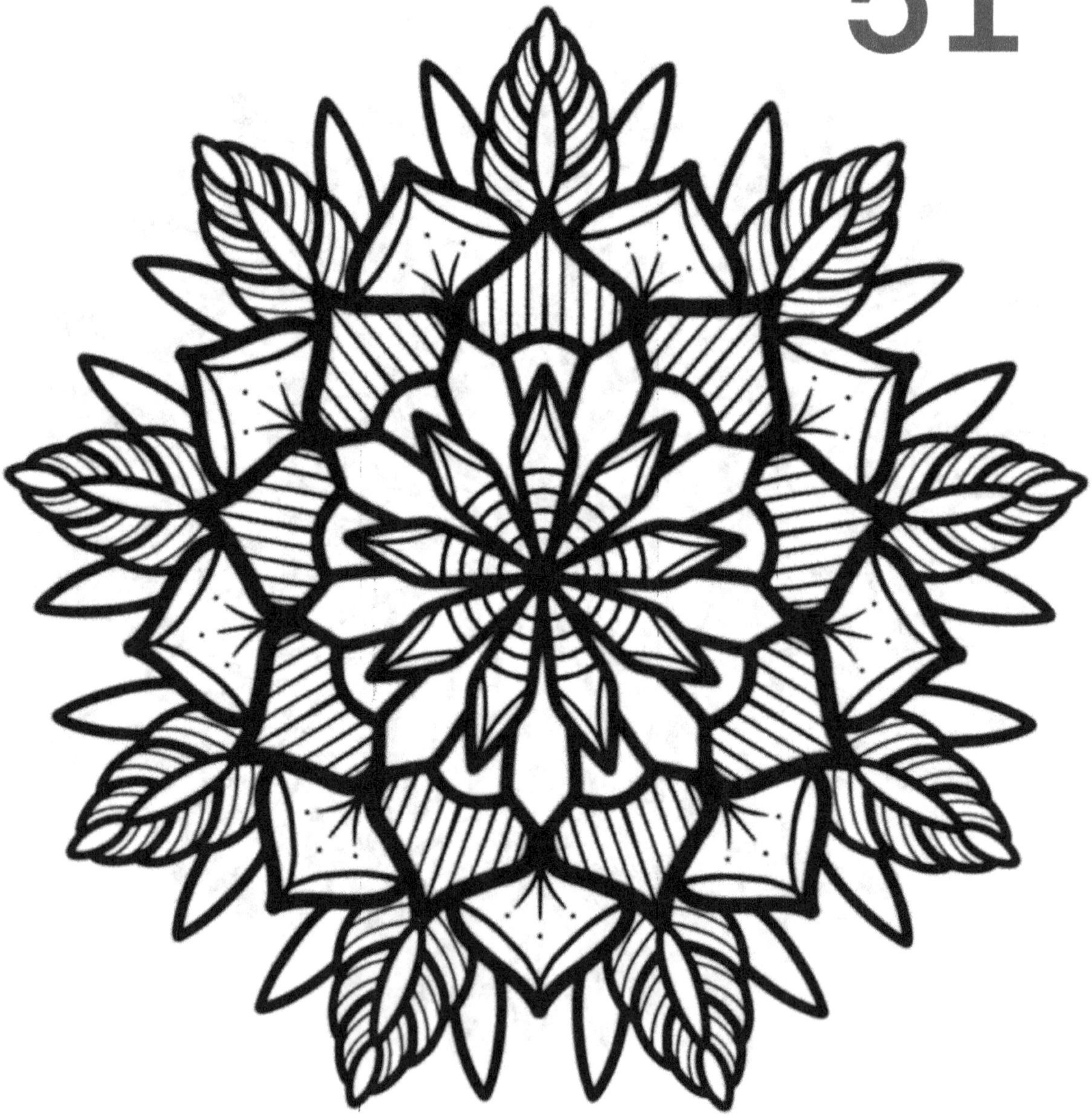

Proibida a reprodução e venda sem autorização

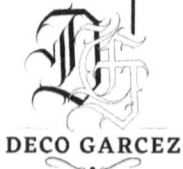

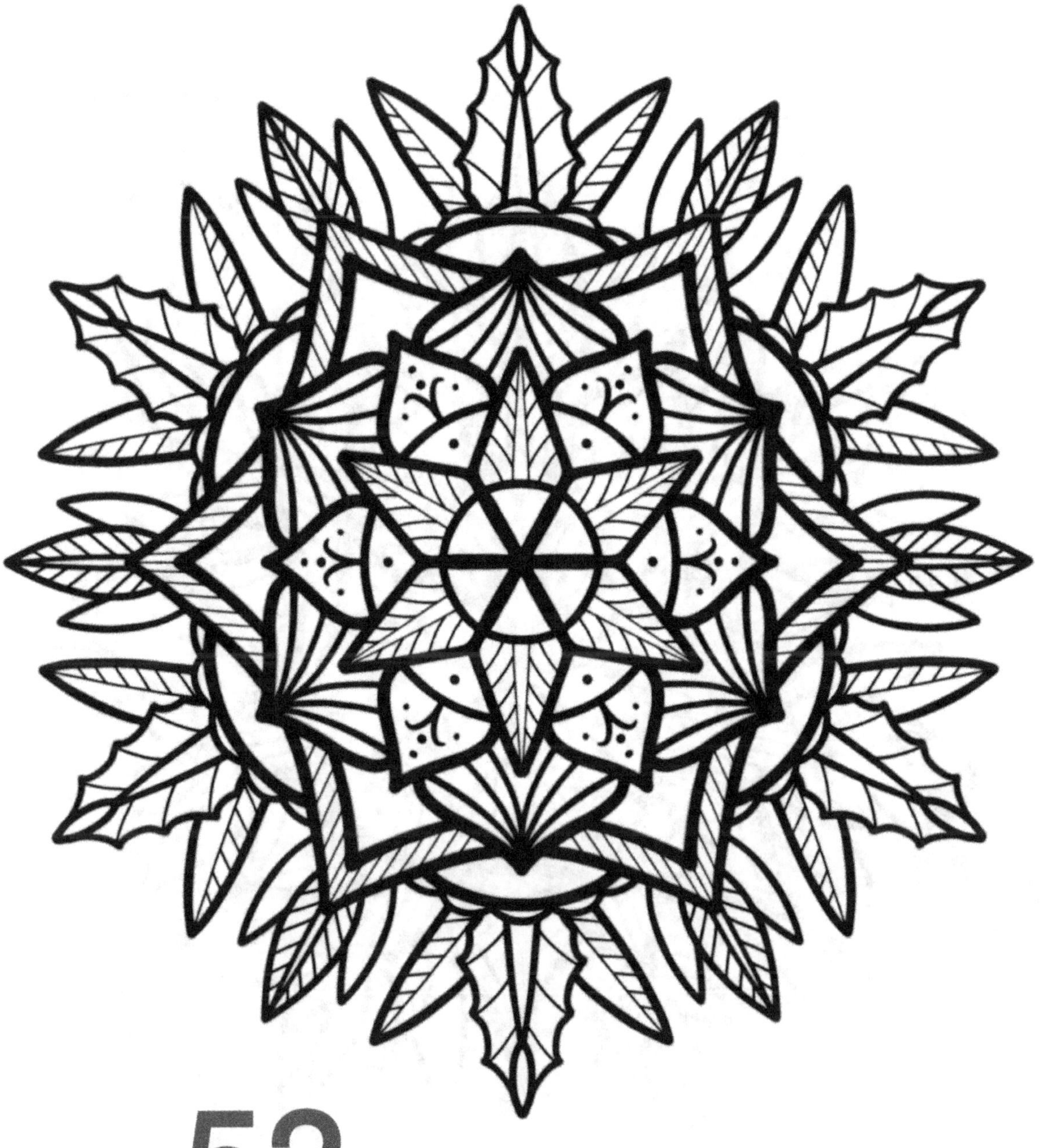

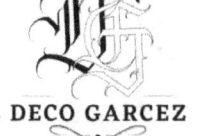

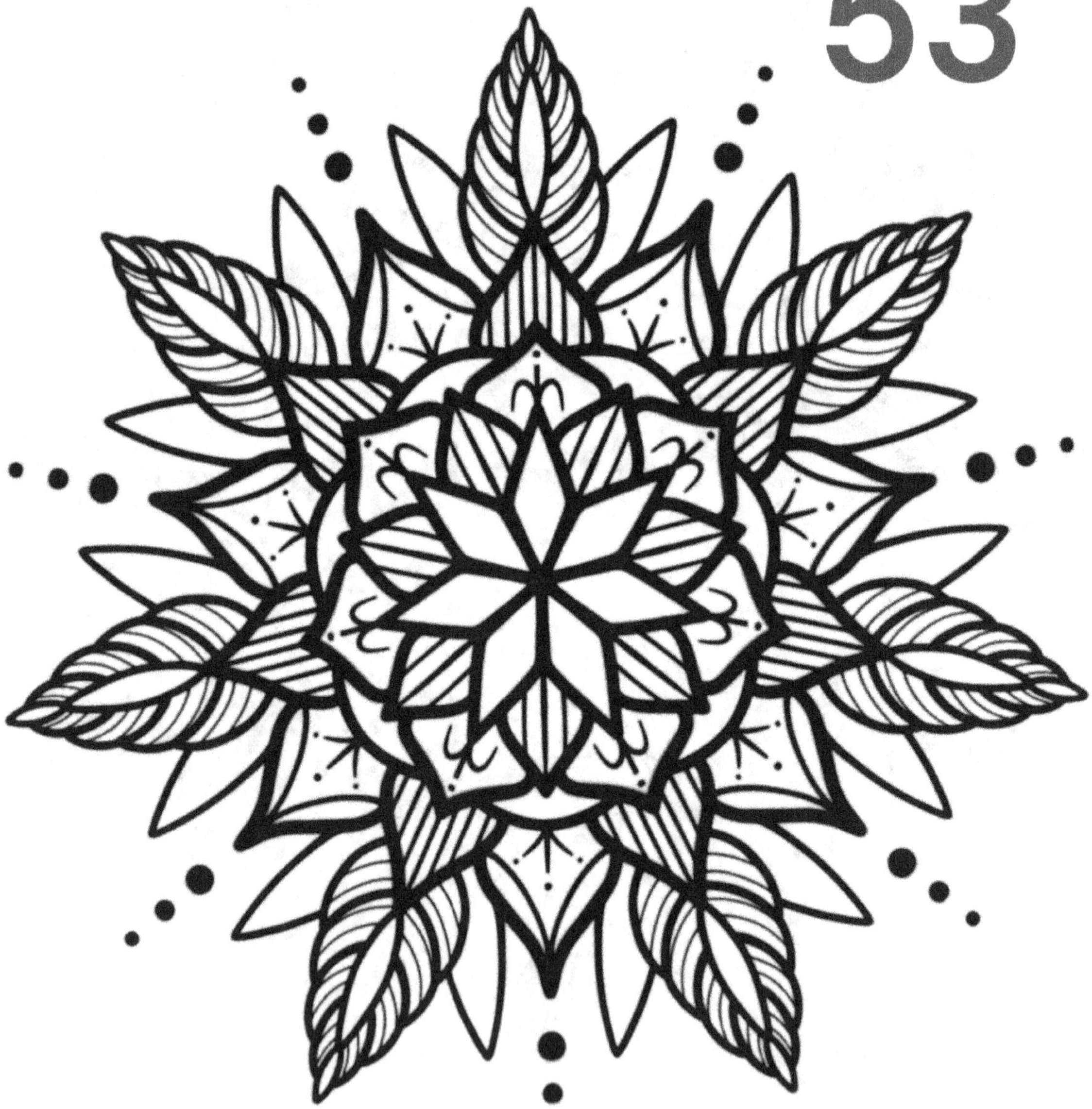

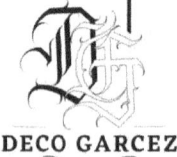

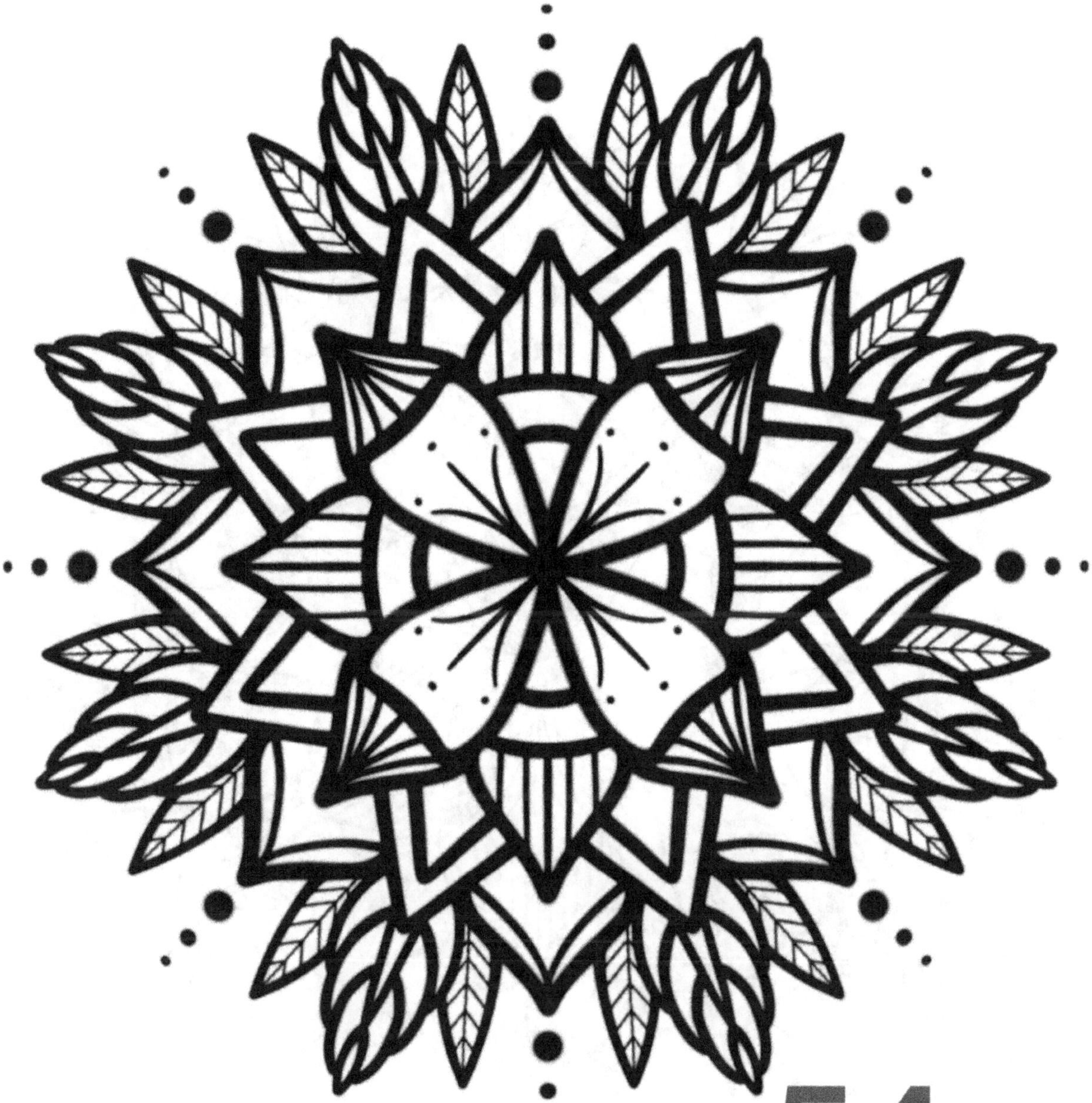

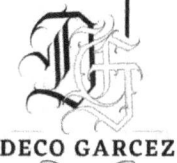

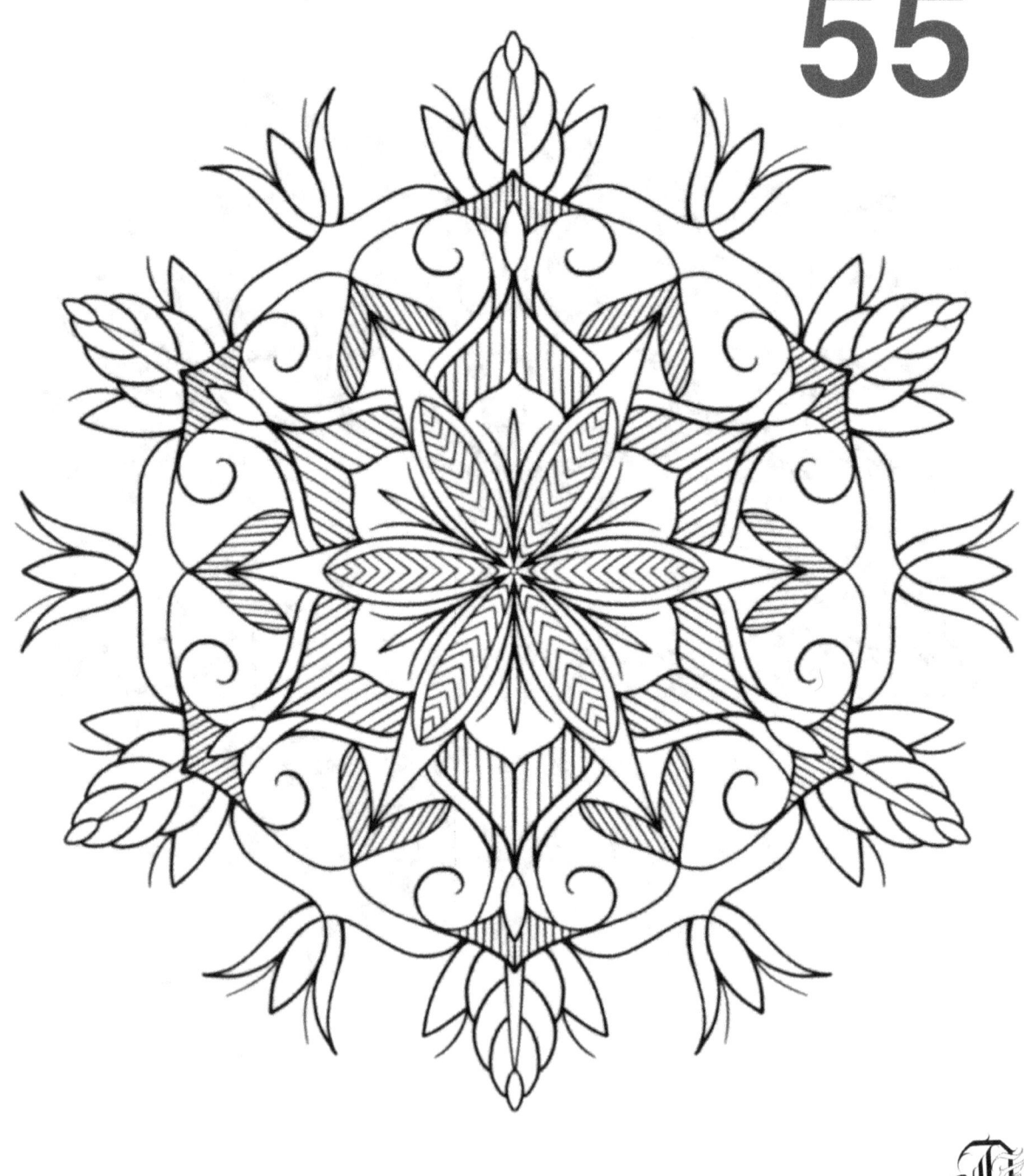

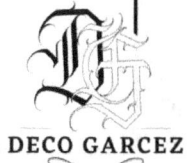

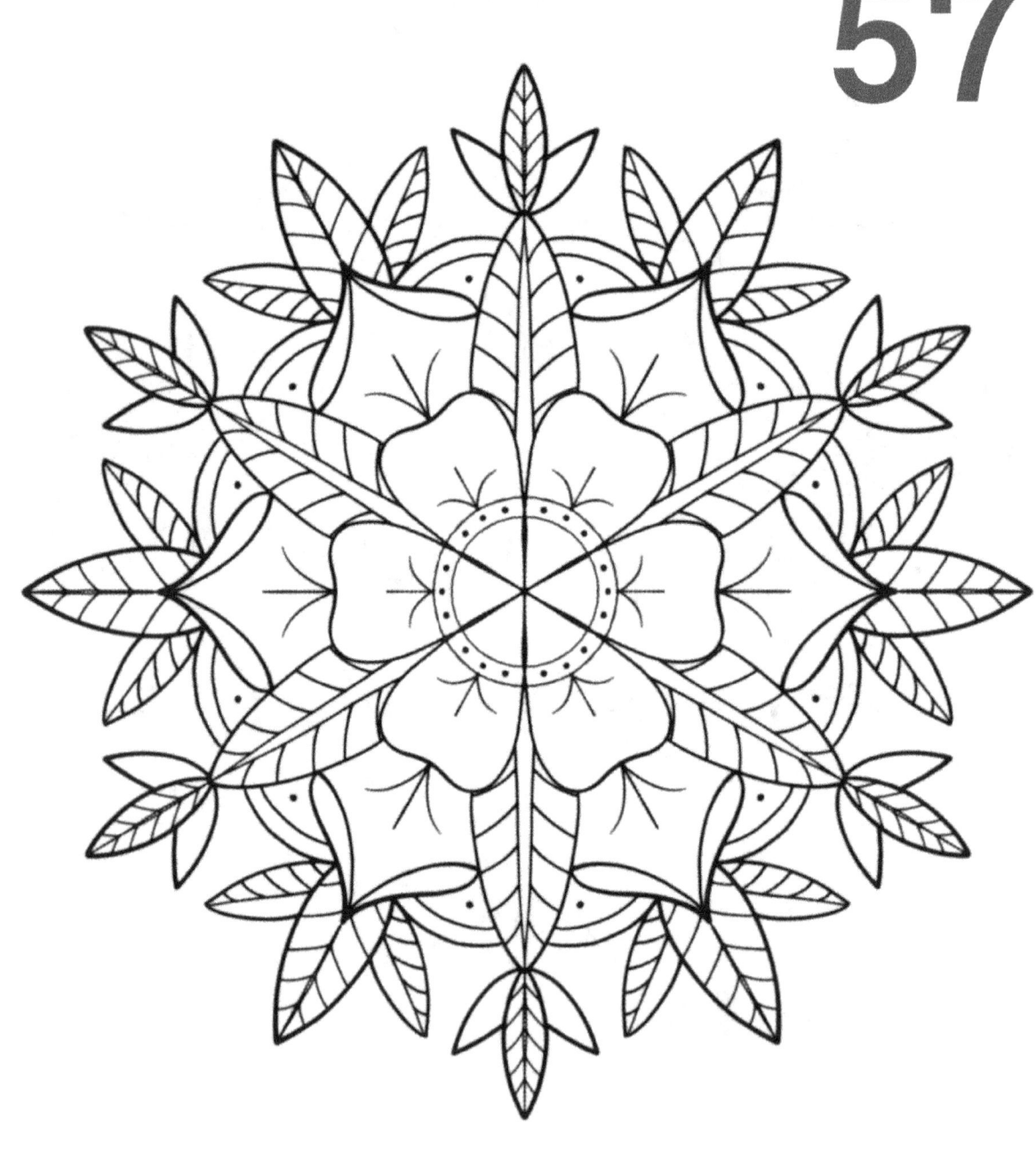

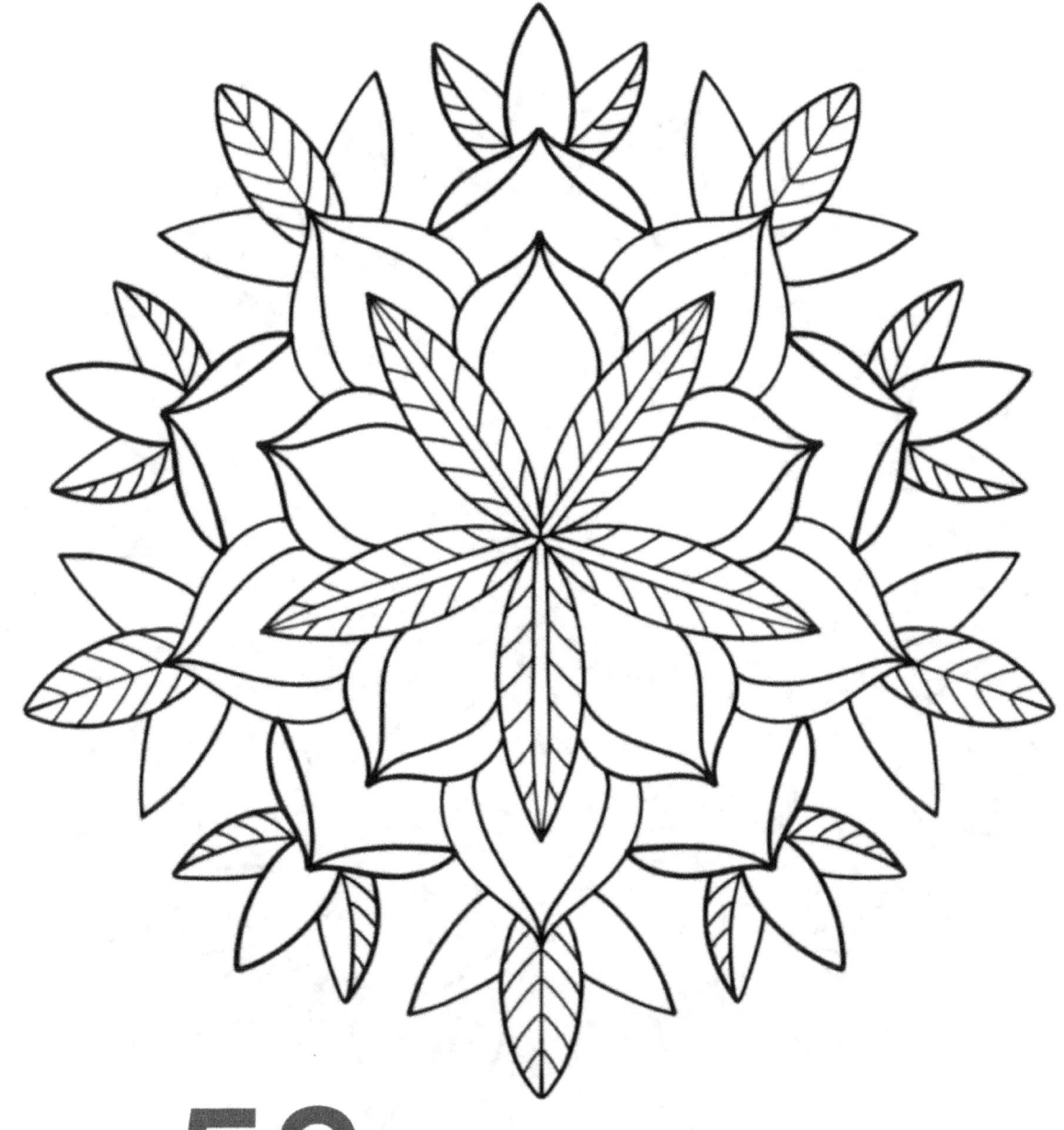

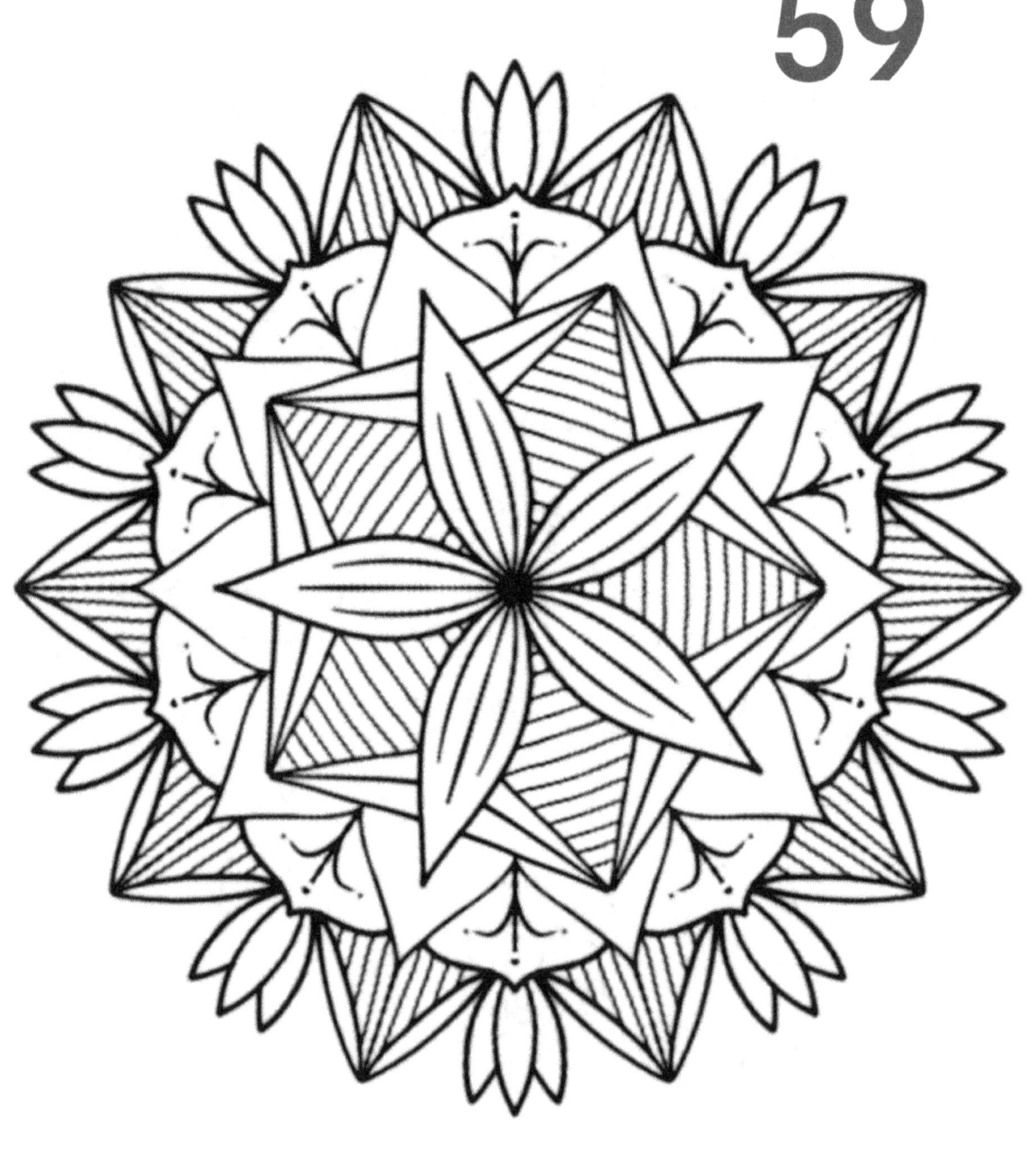

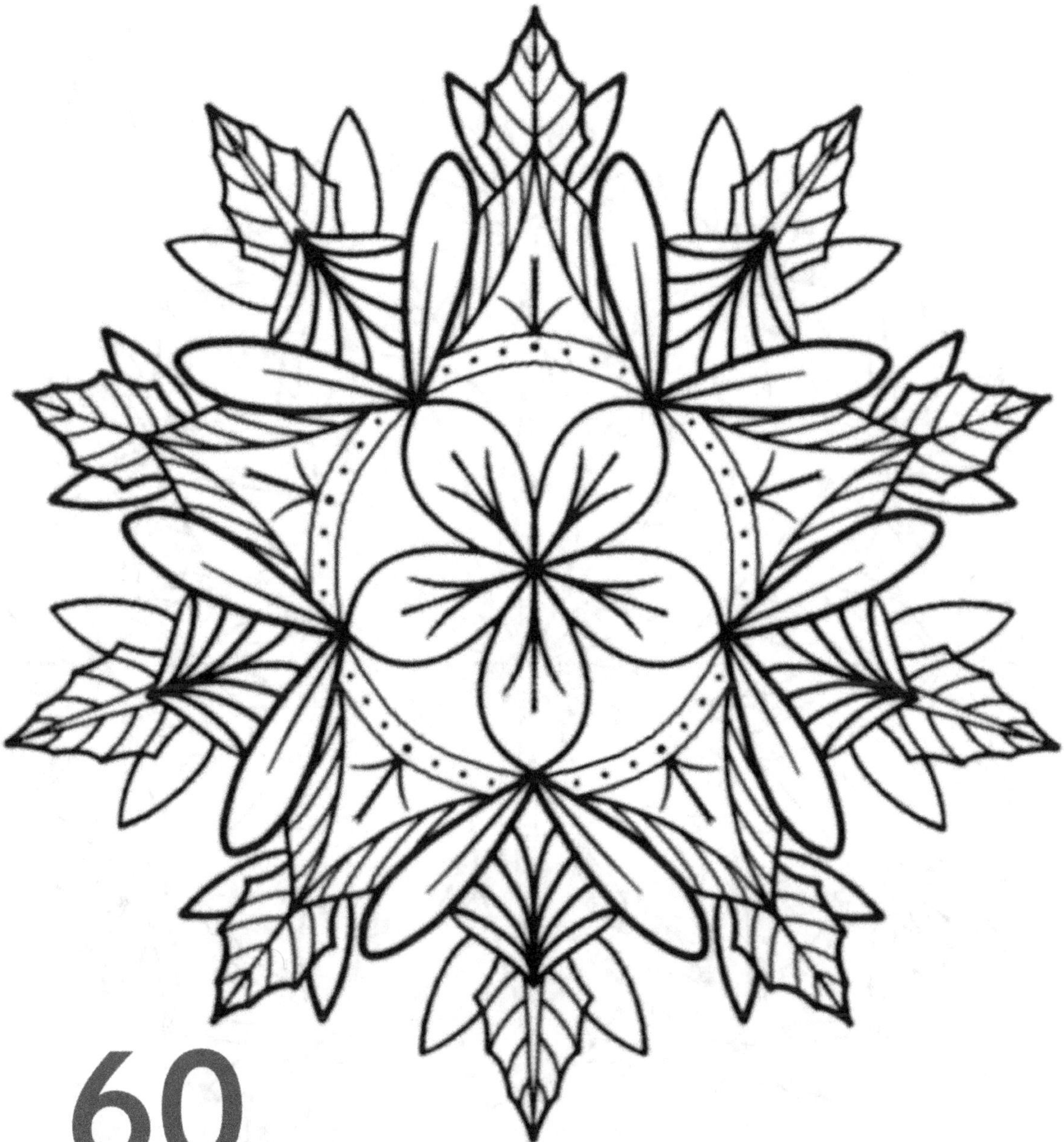

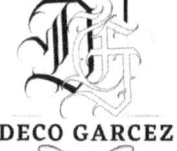

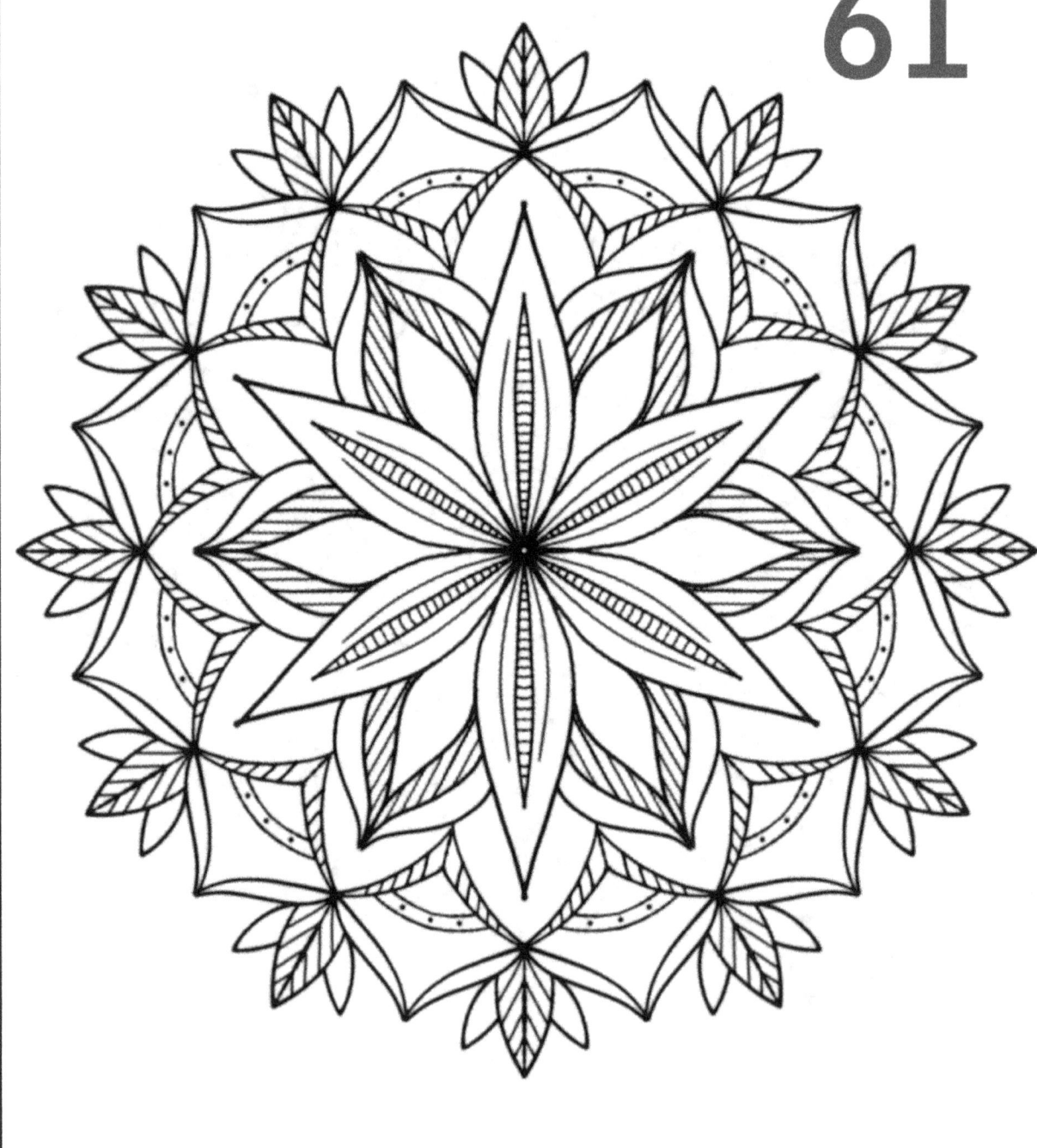

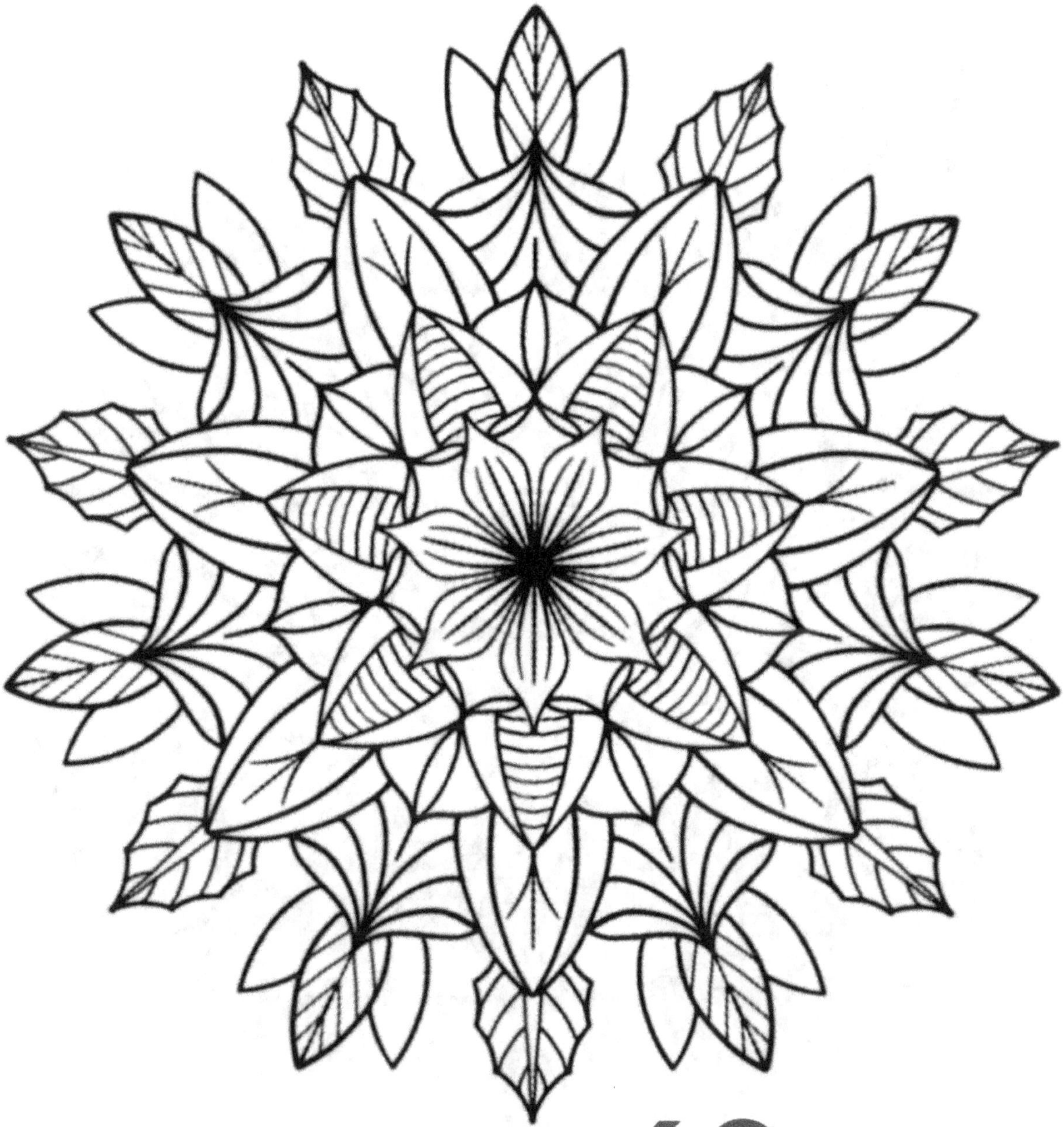

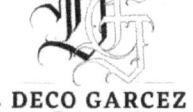

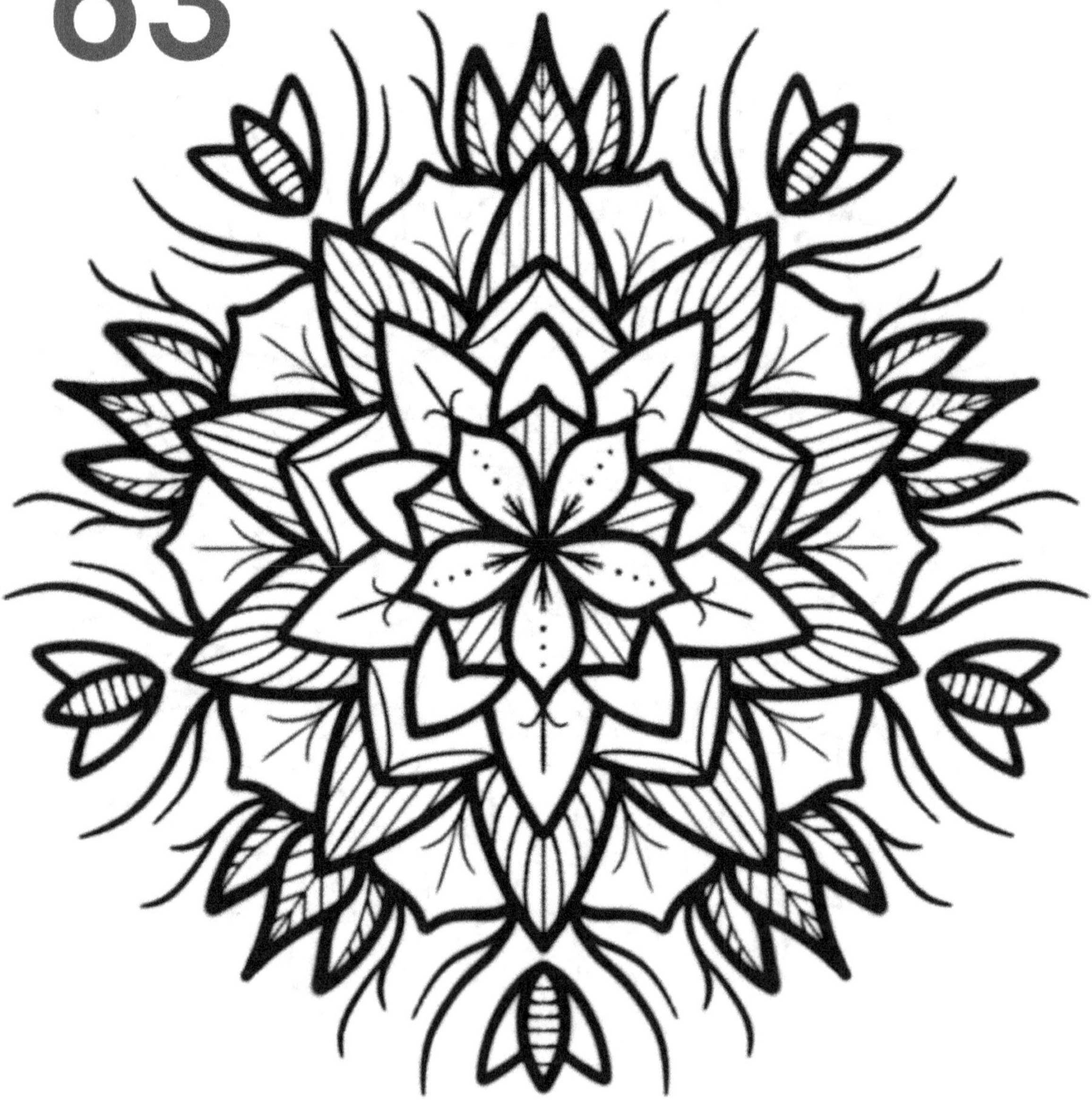

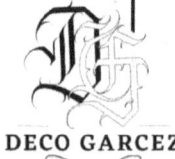

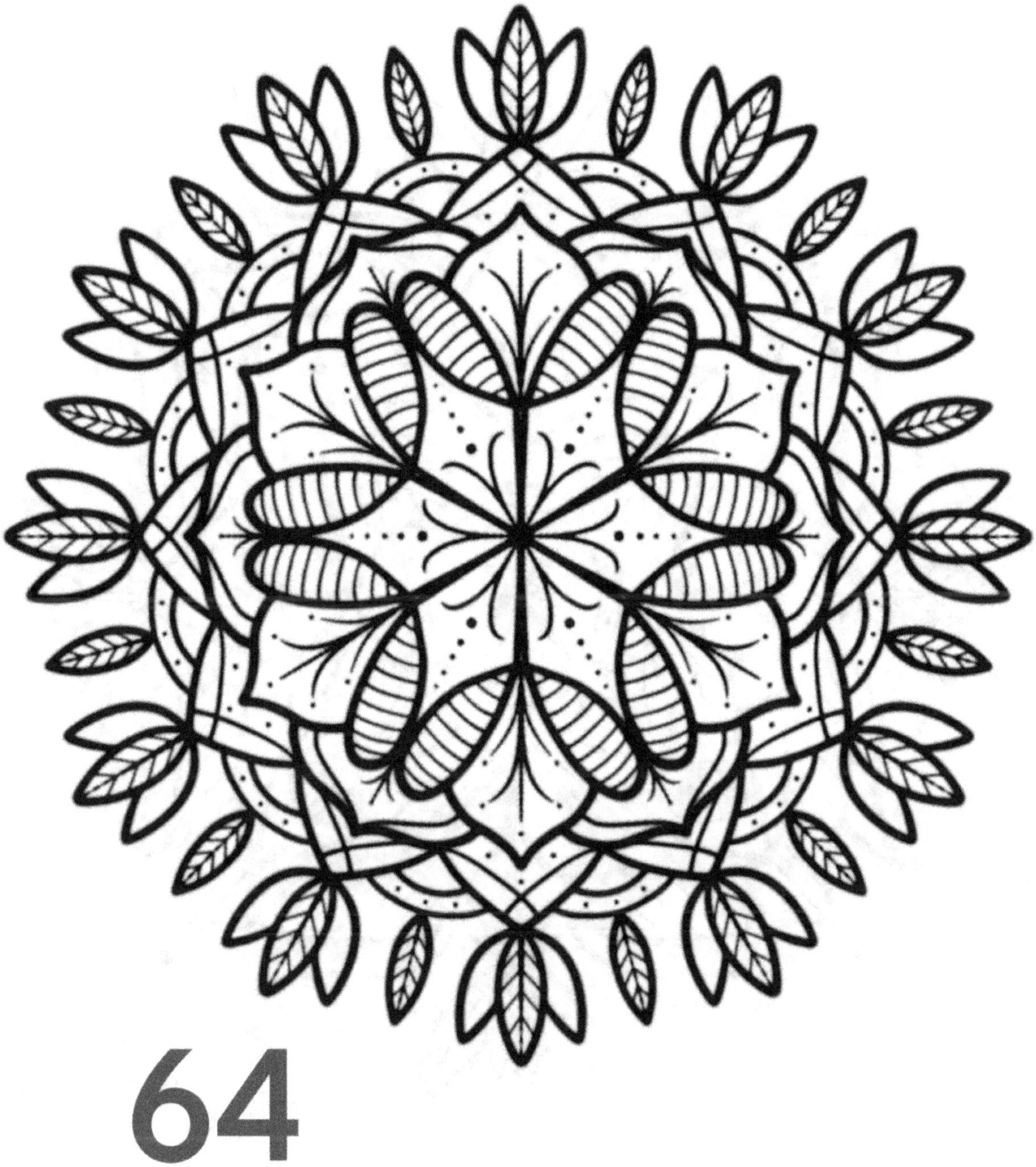

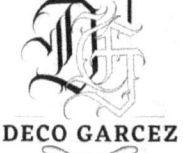

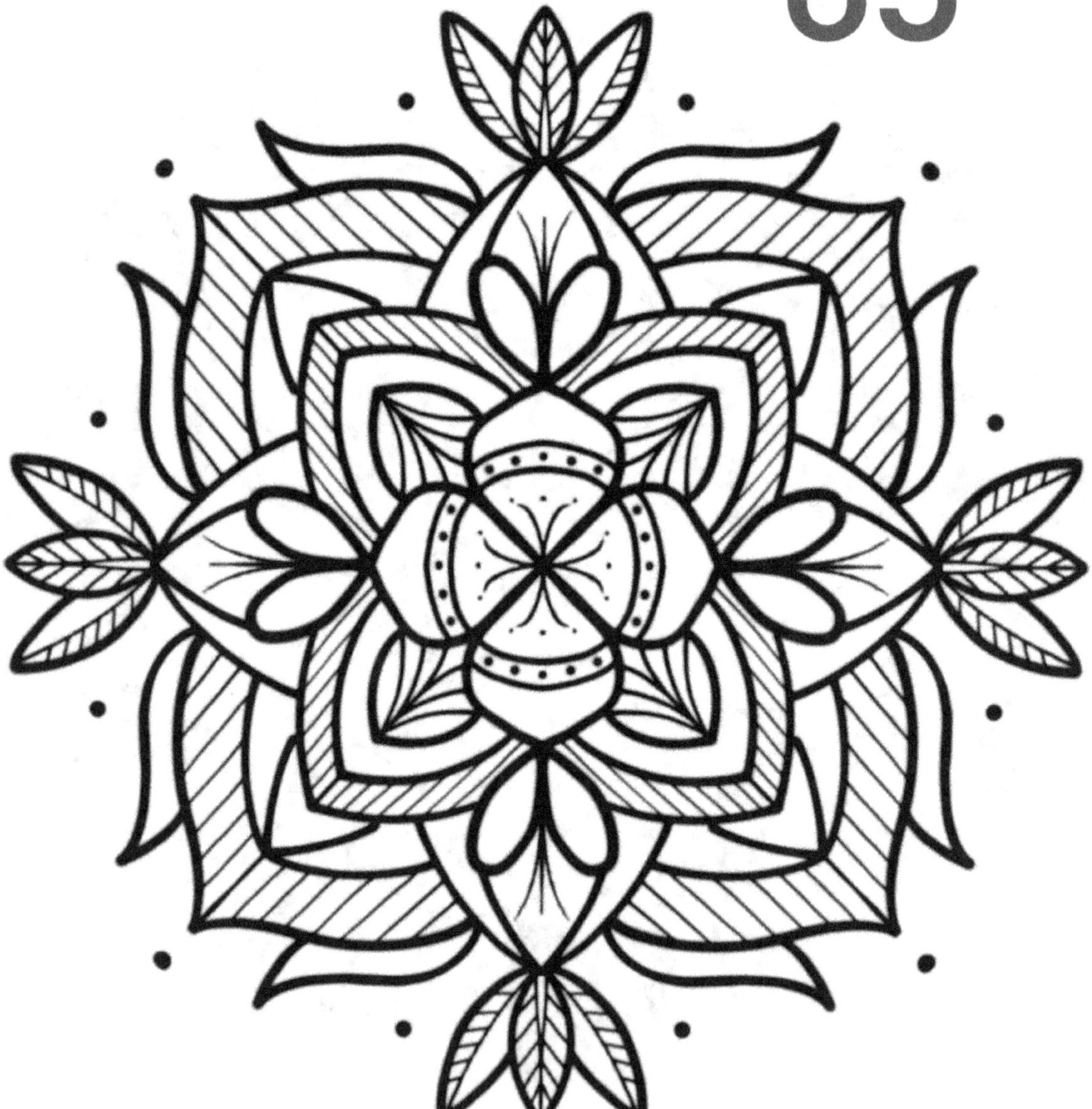

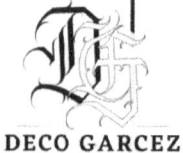

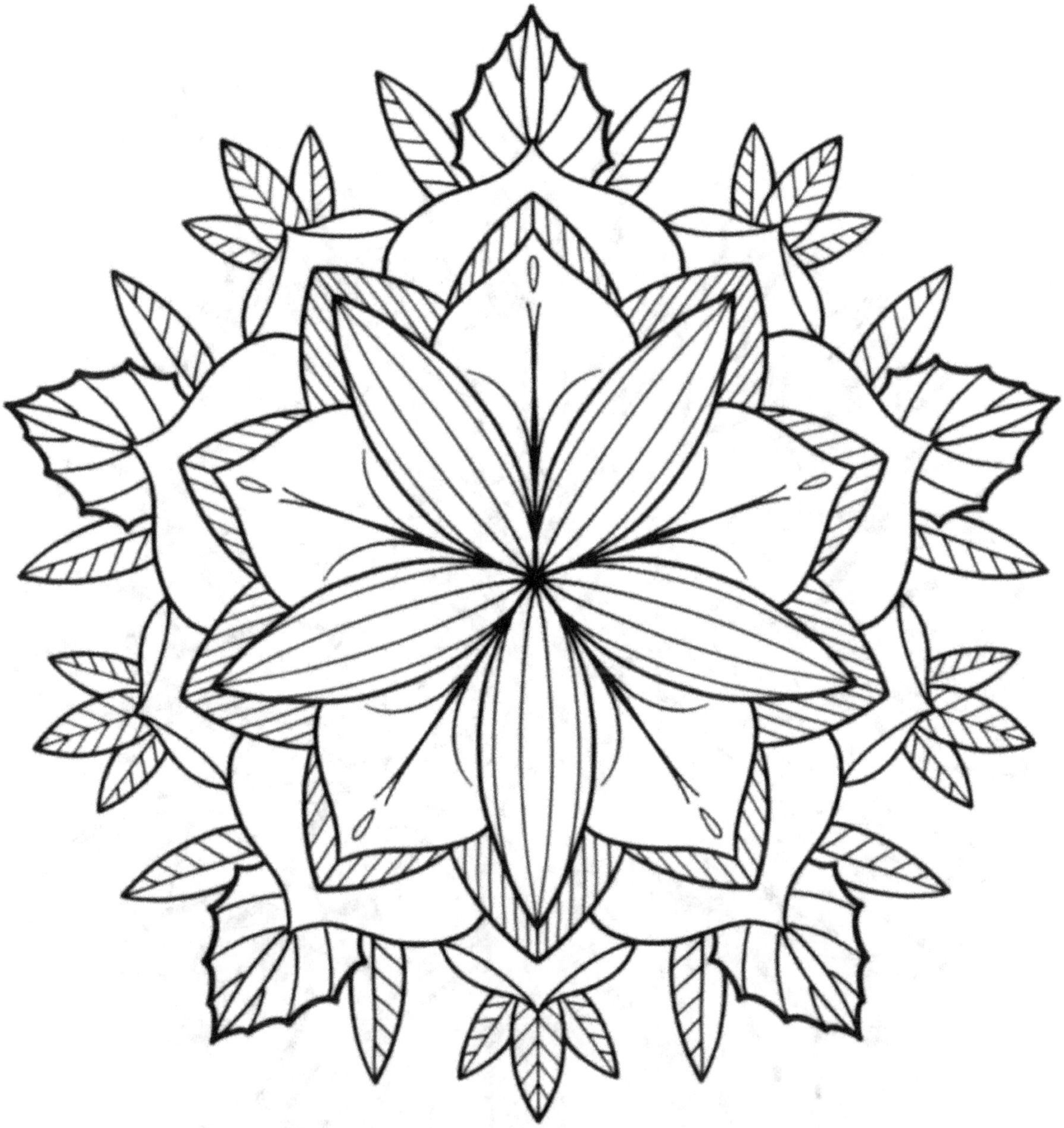

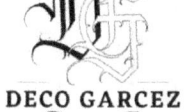

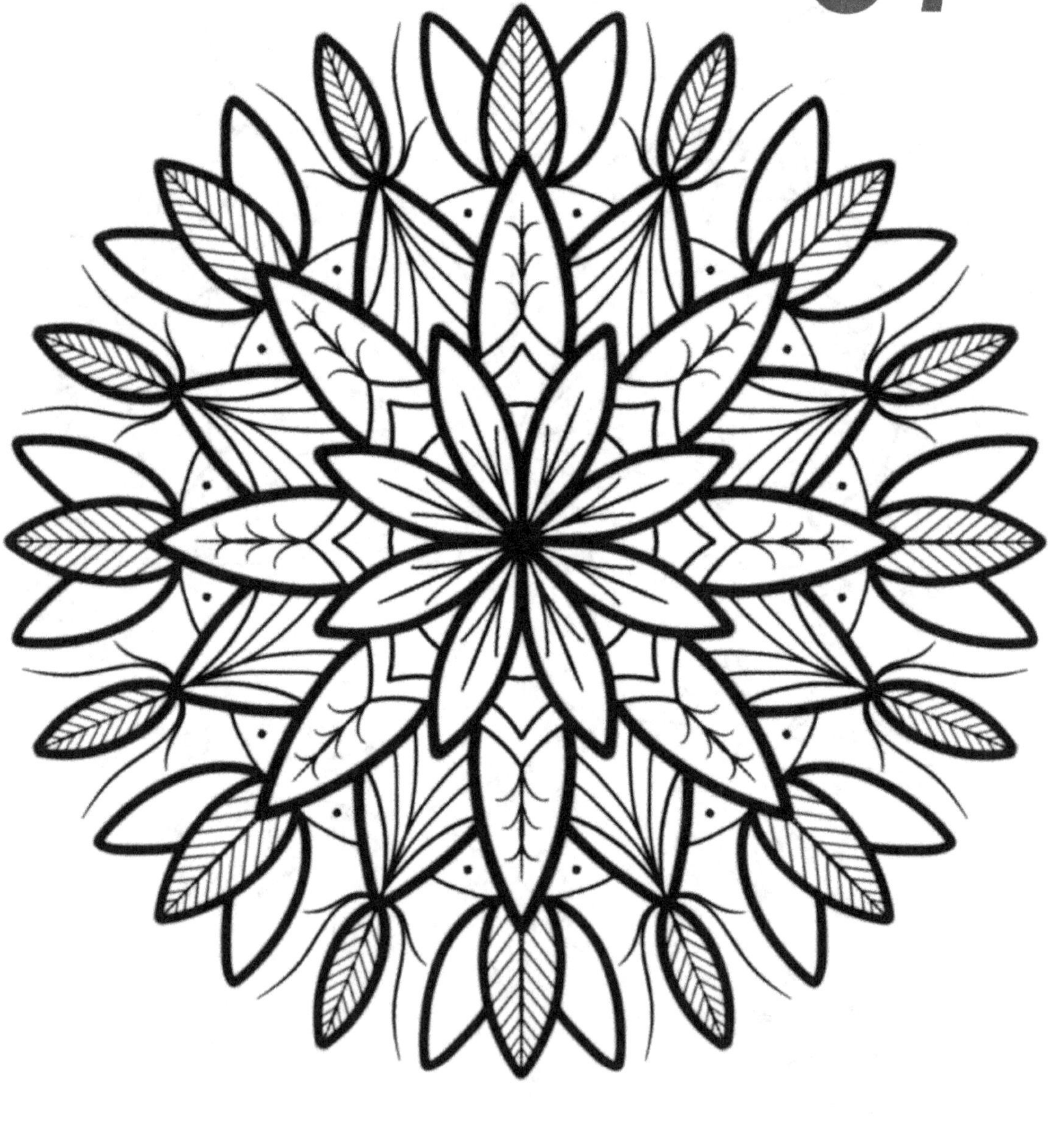

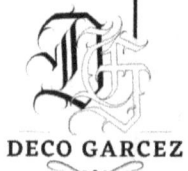

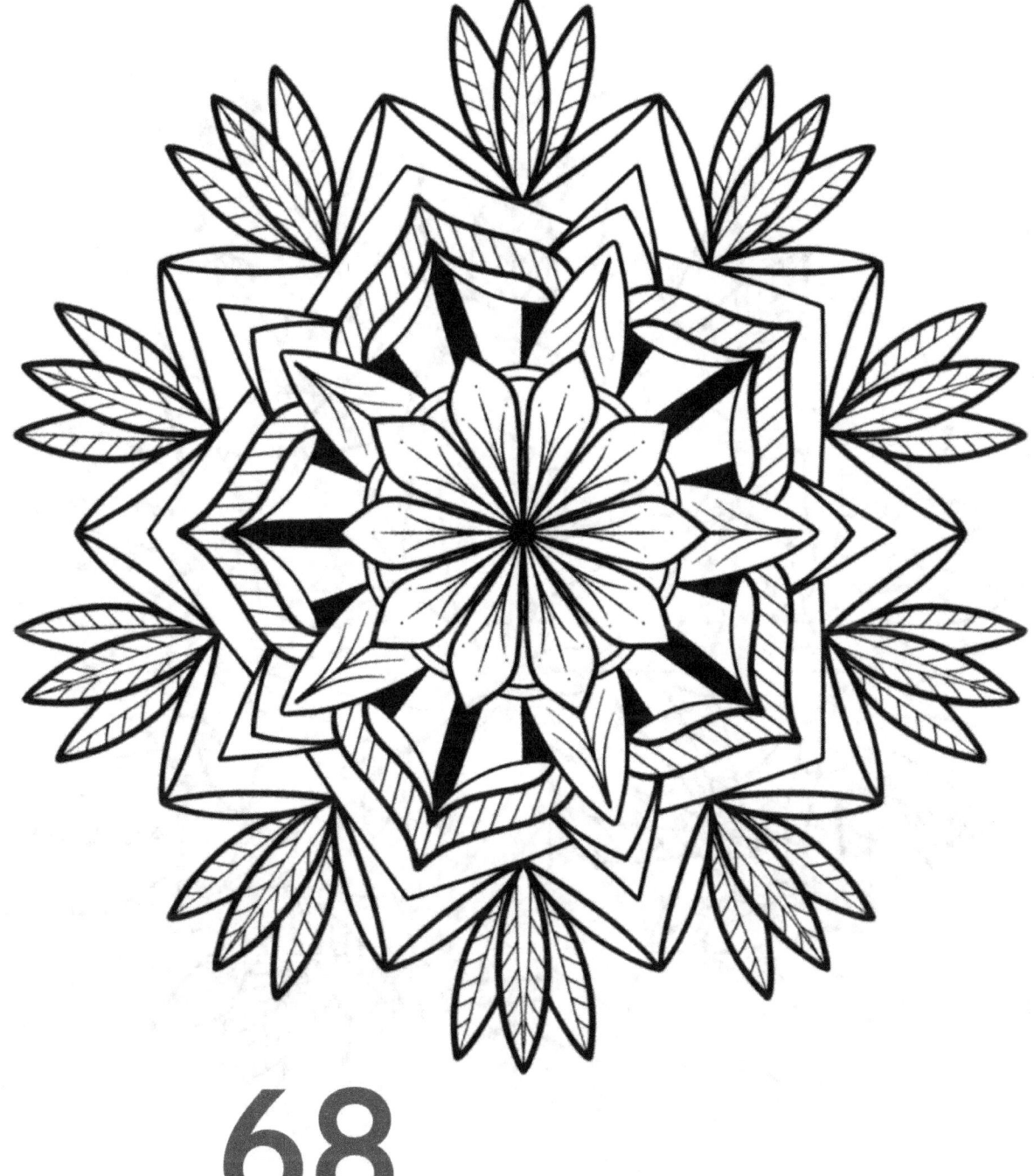

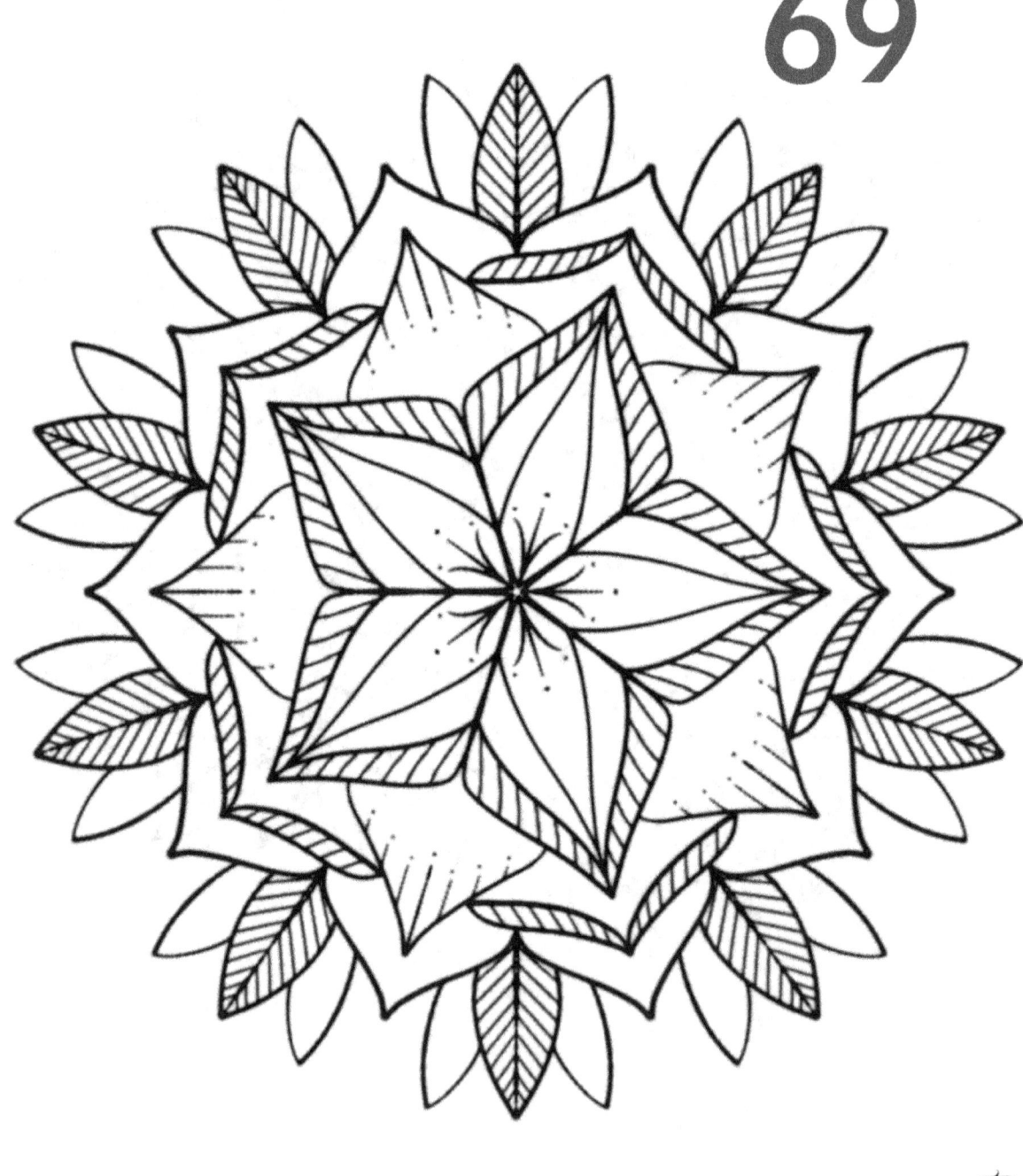

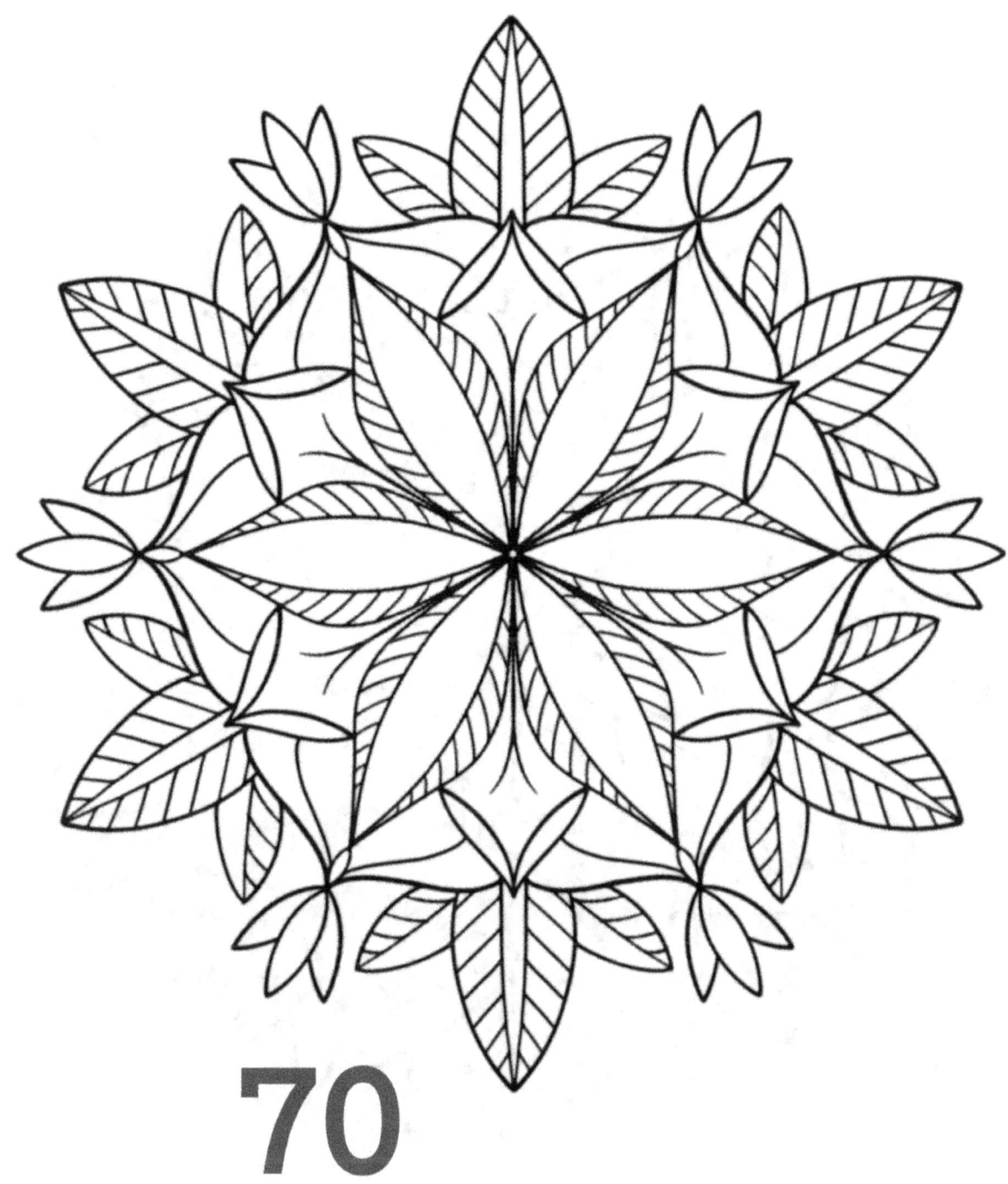

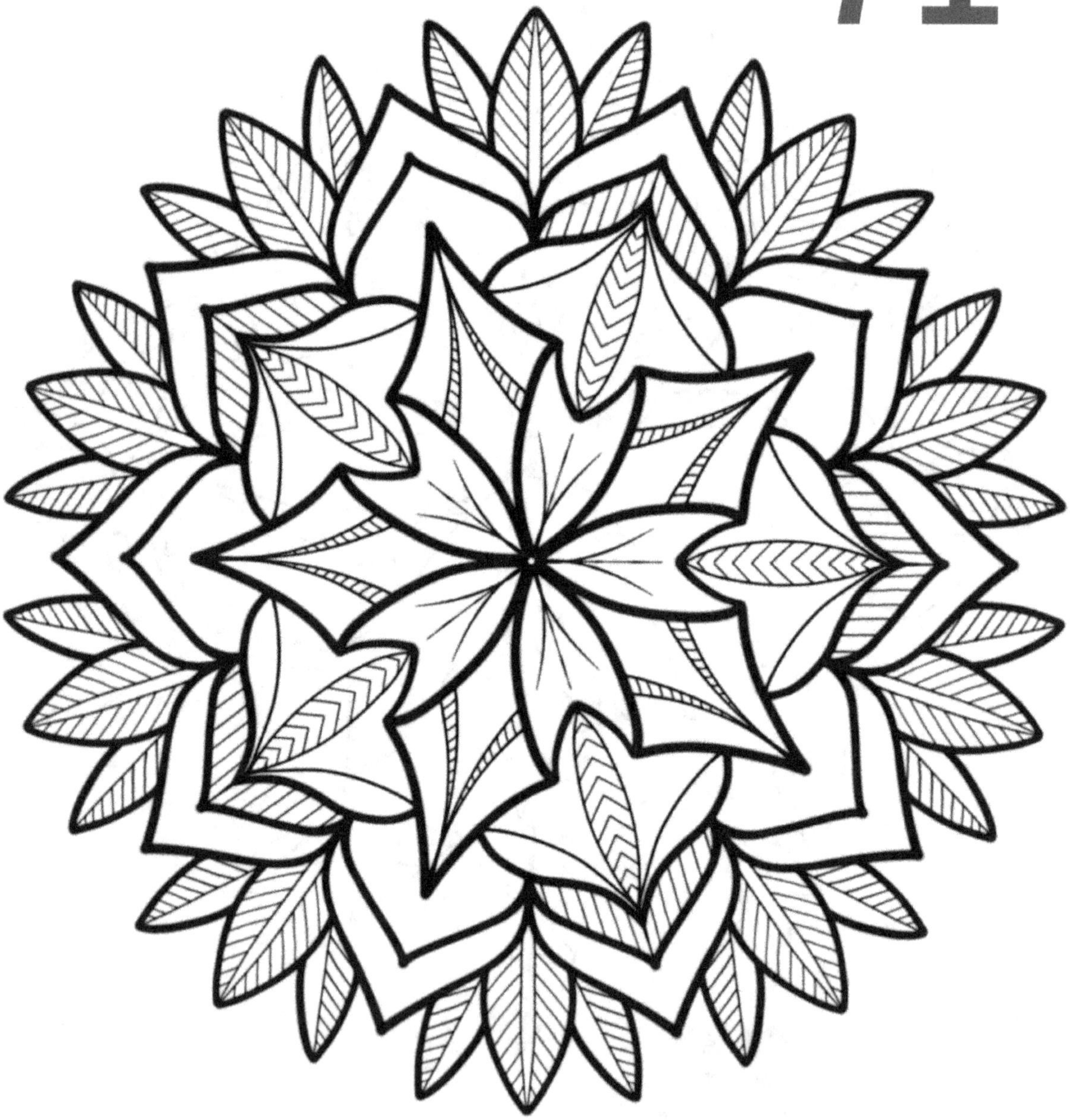

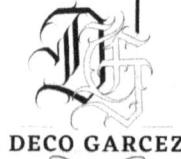

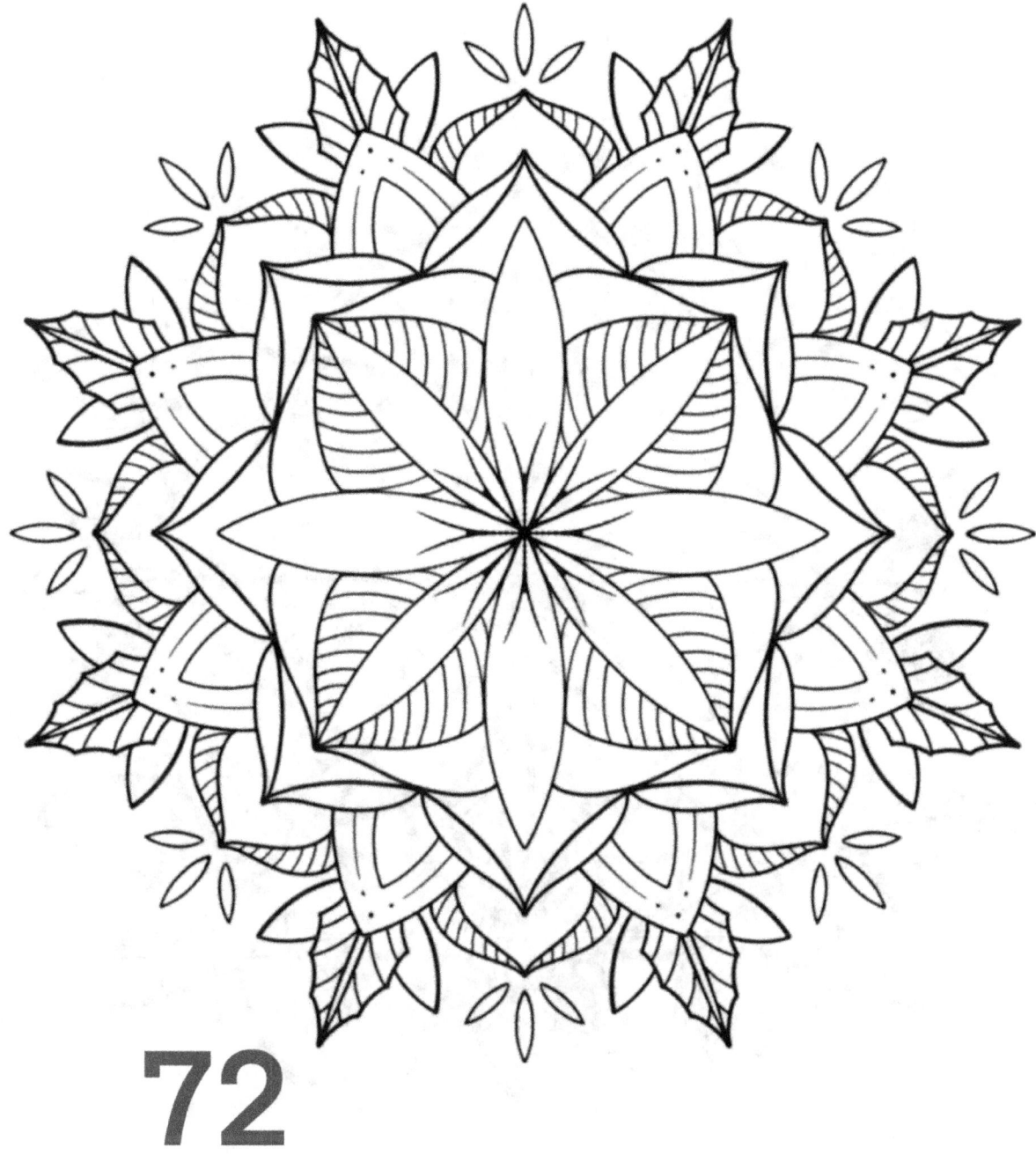

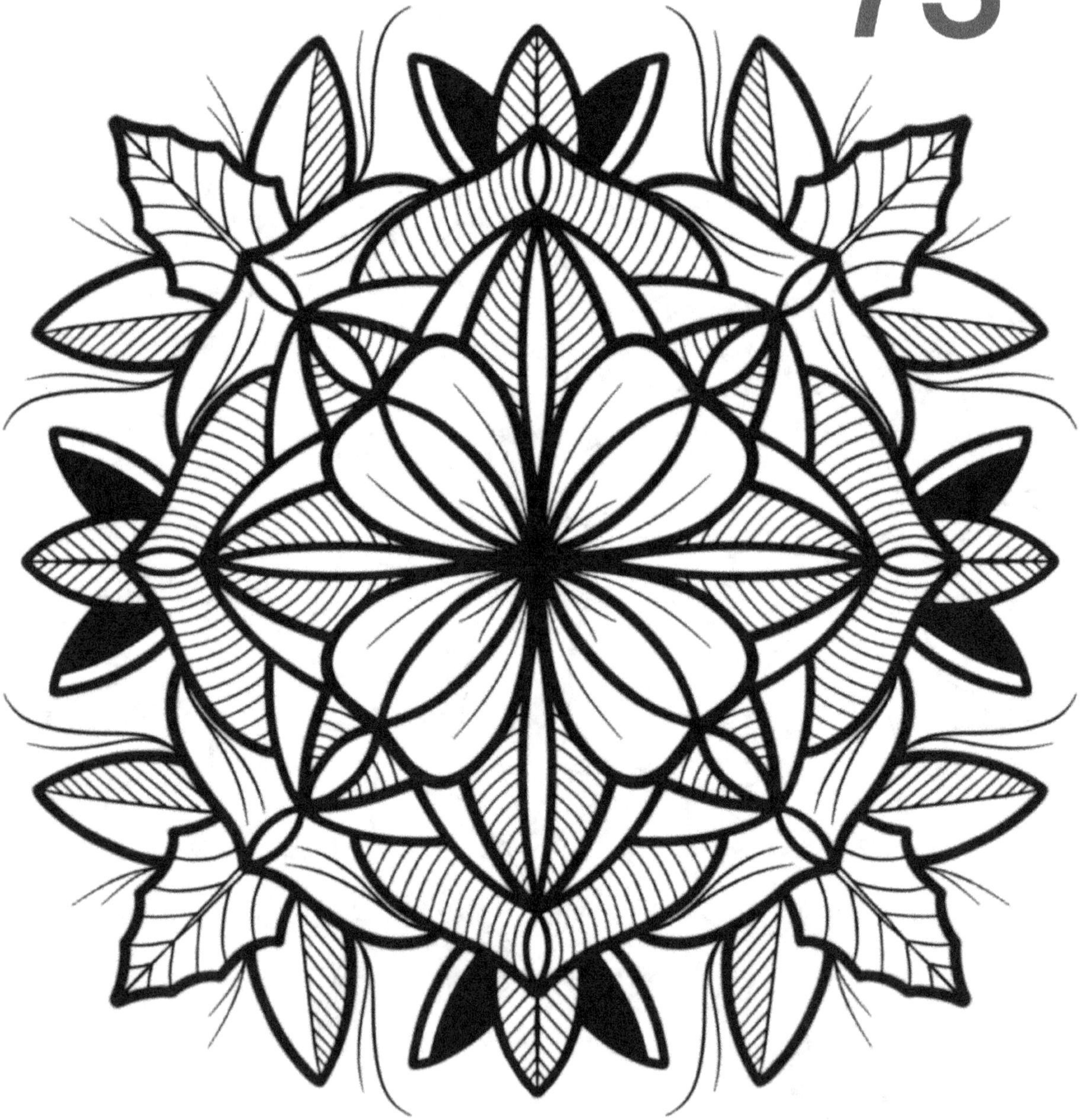

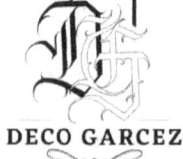

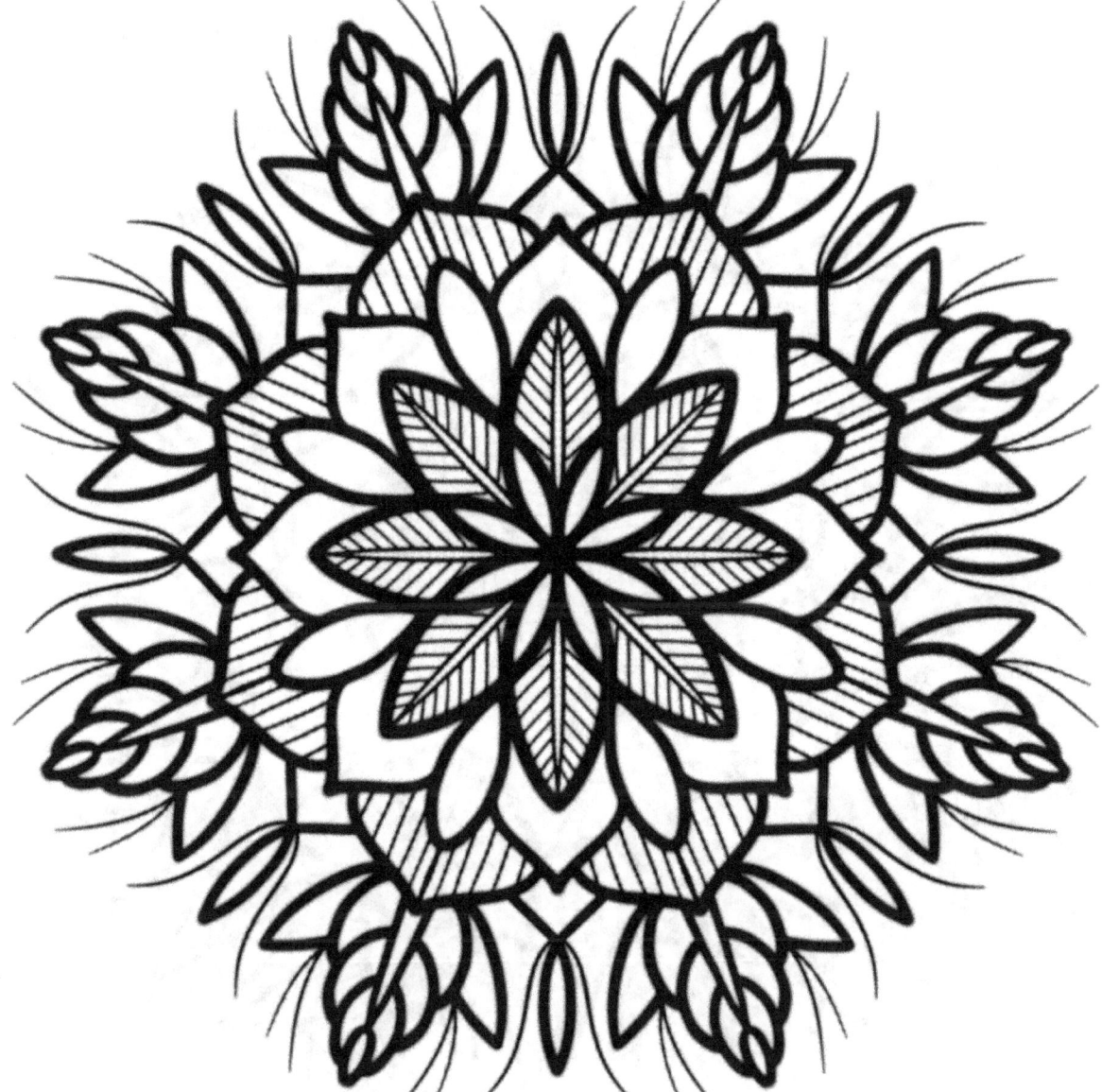

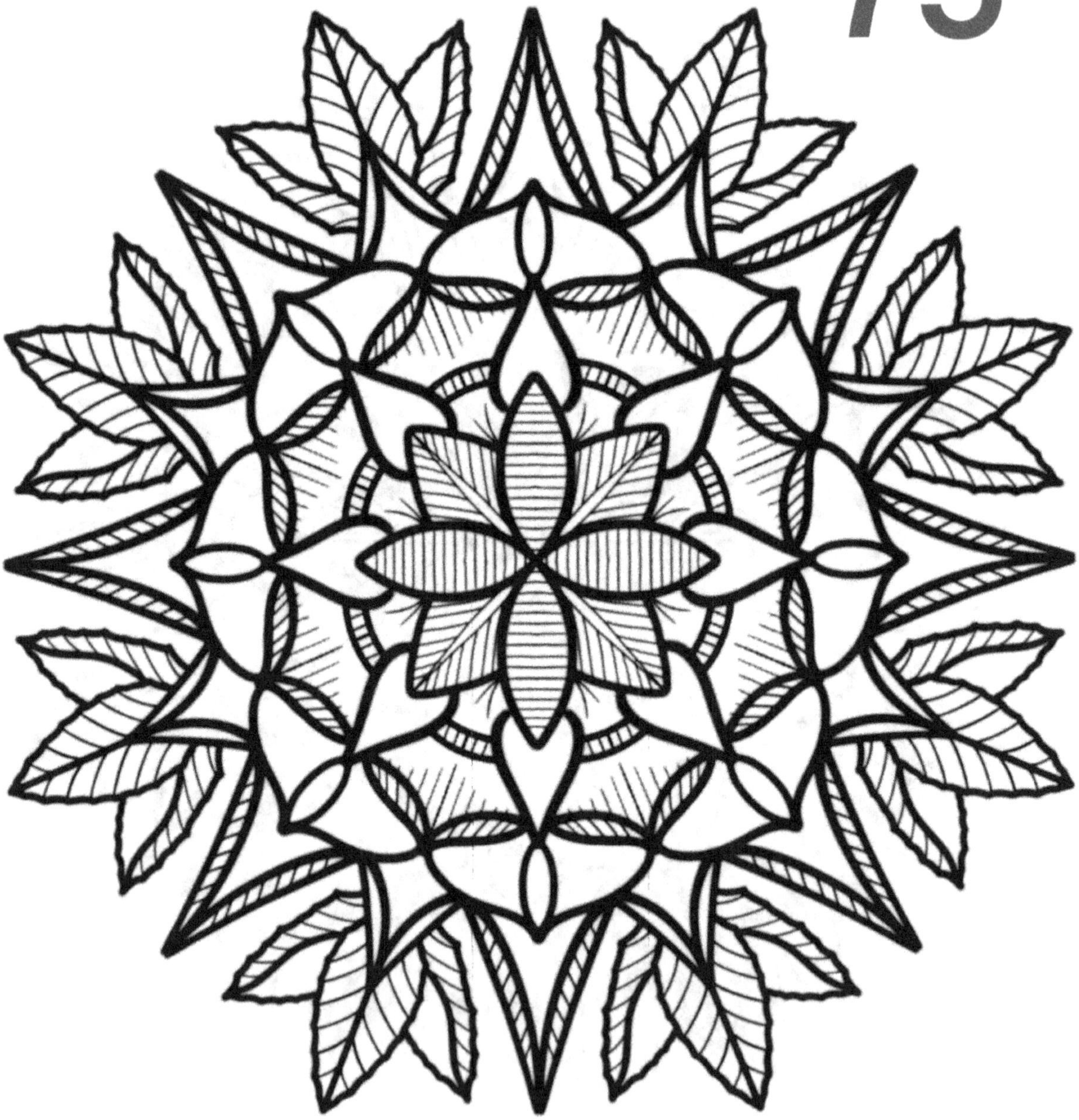

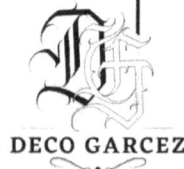

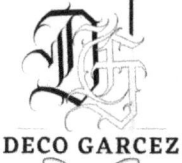

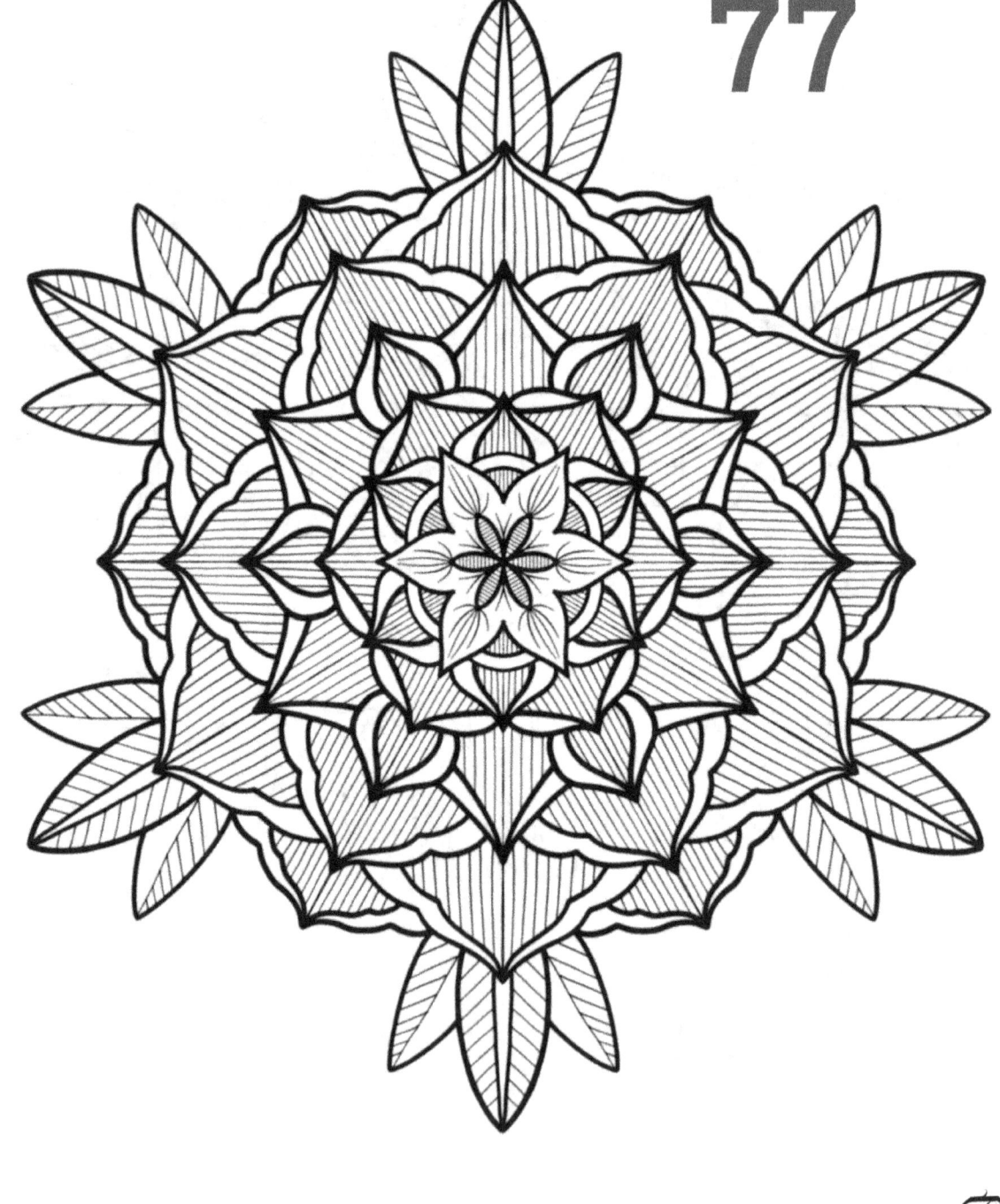

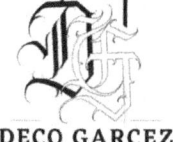

79

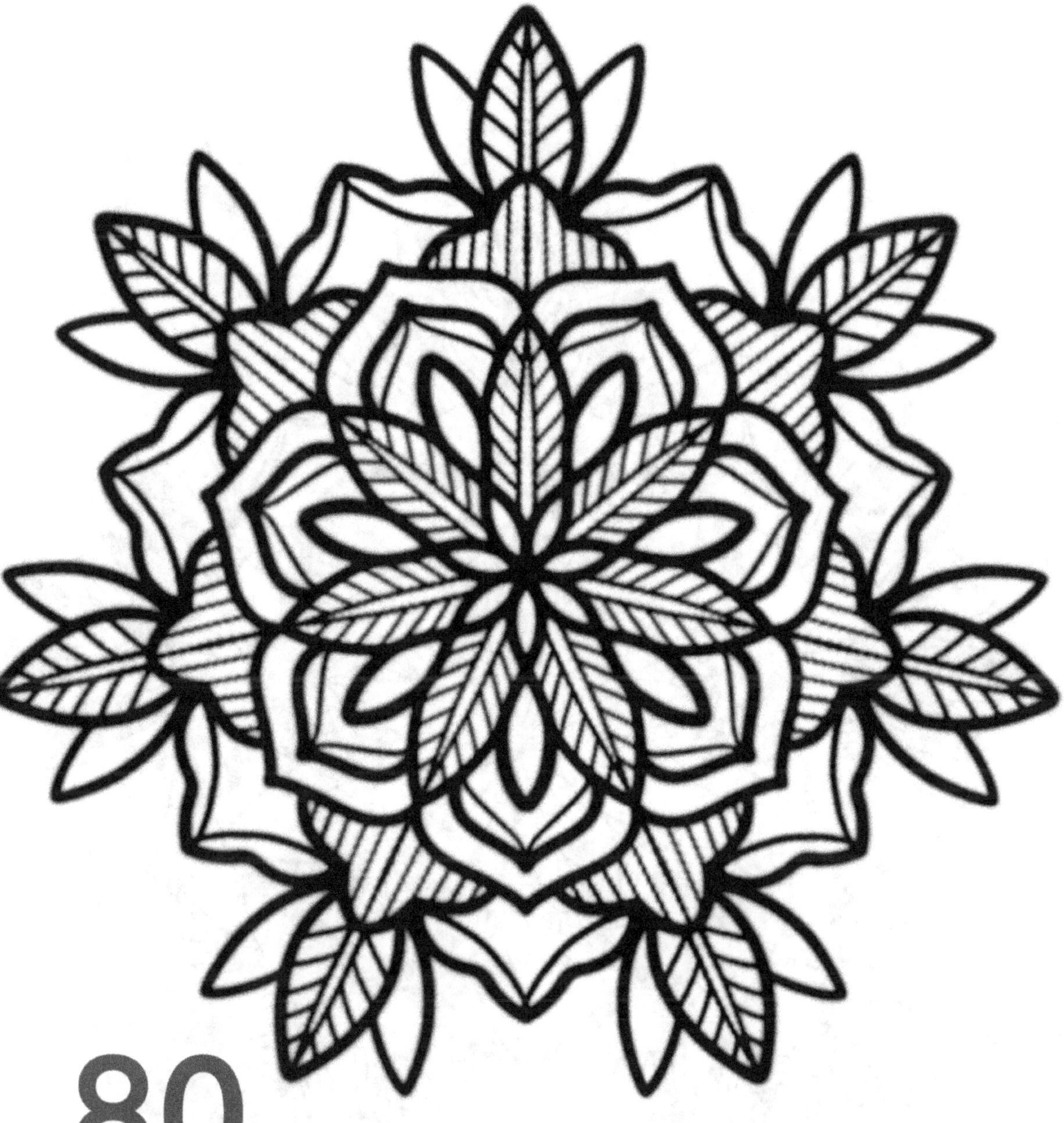

DECO GARCEZ

80

Proibida a reprodução e venda sem autorização

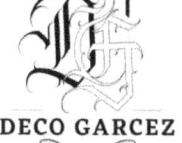

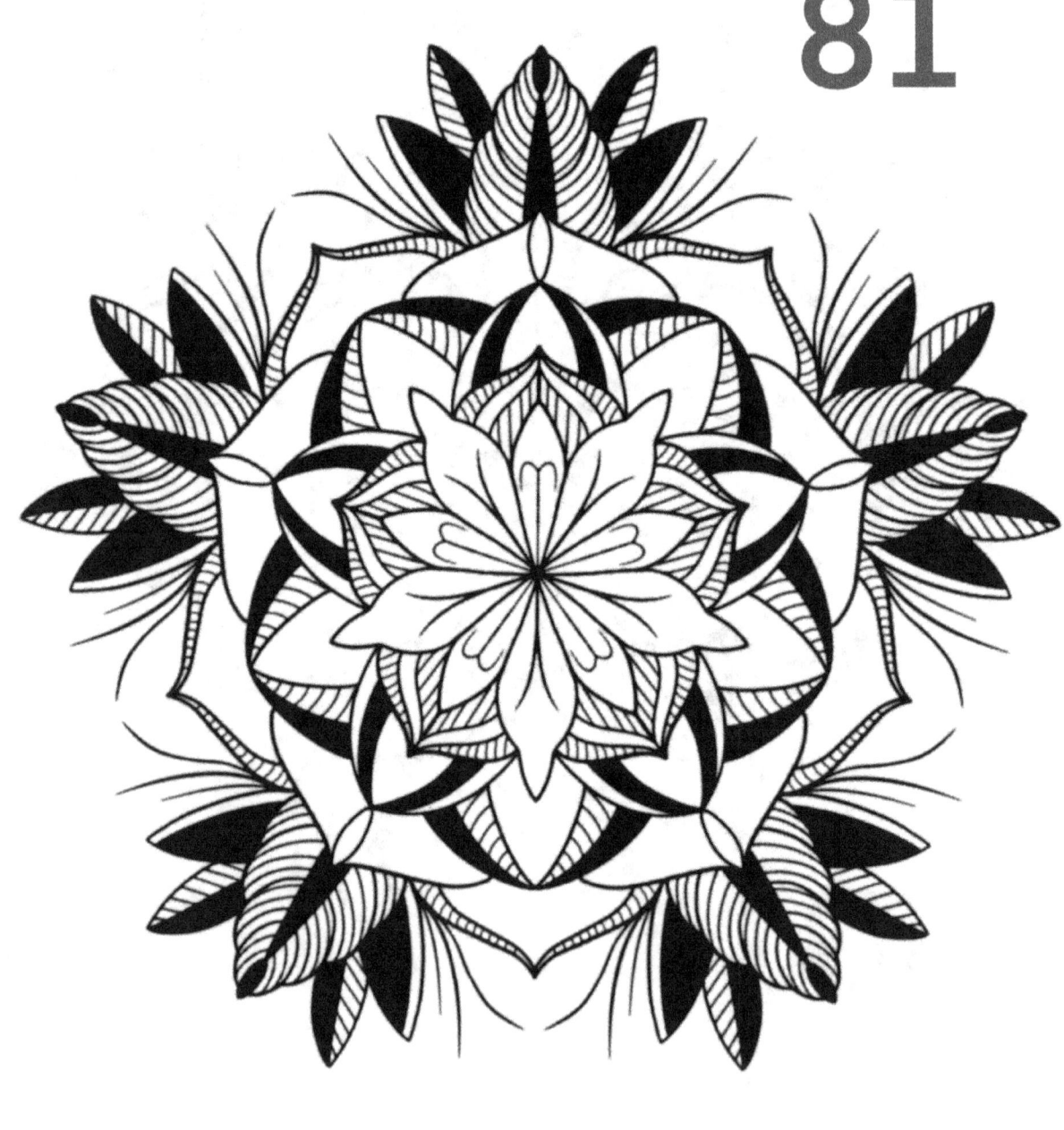

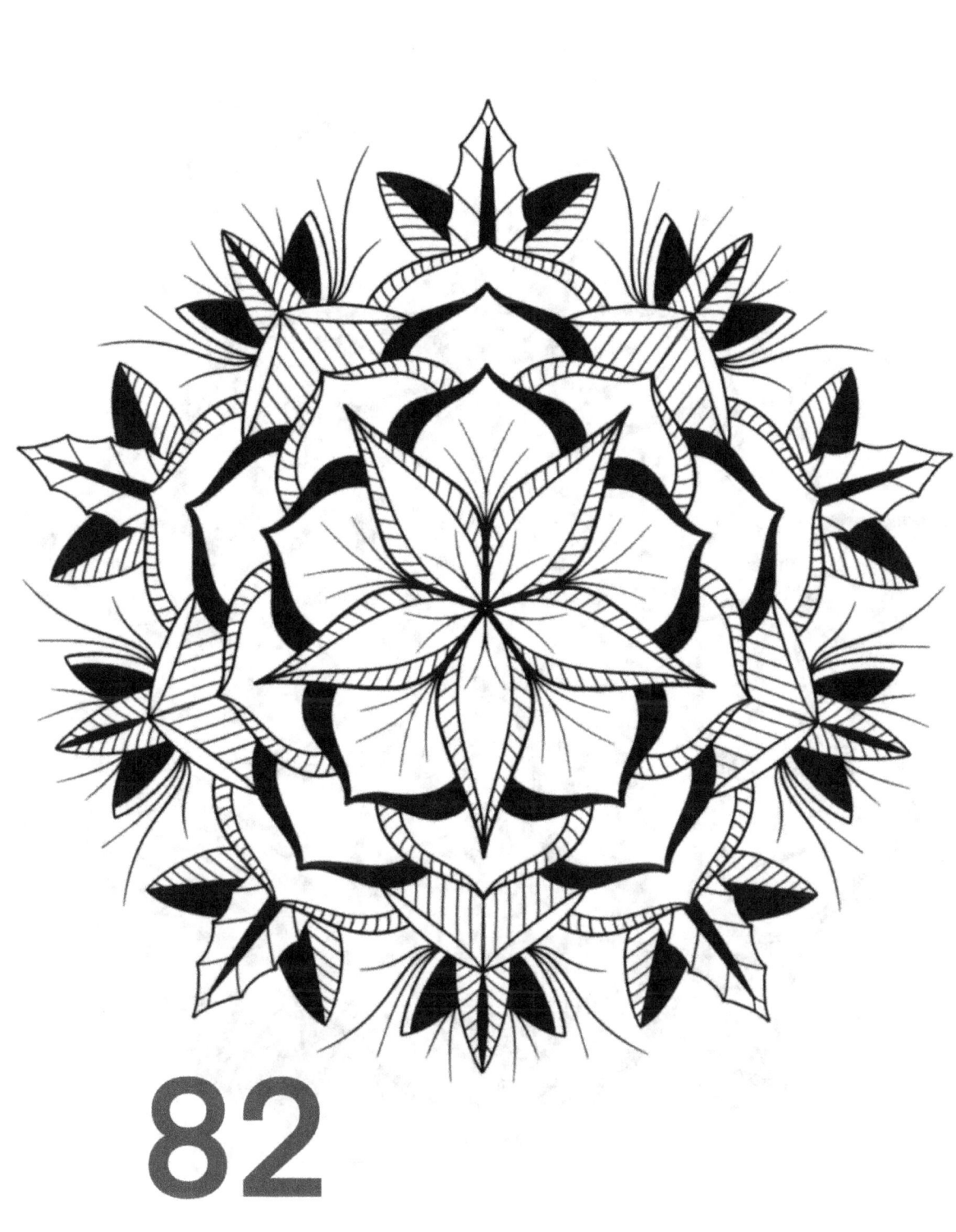

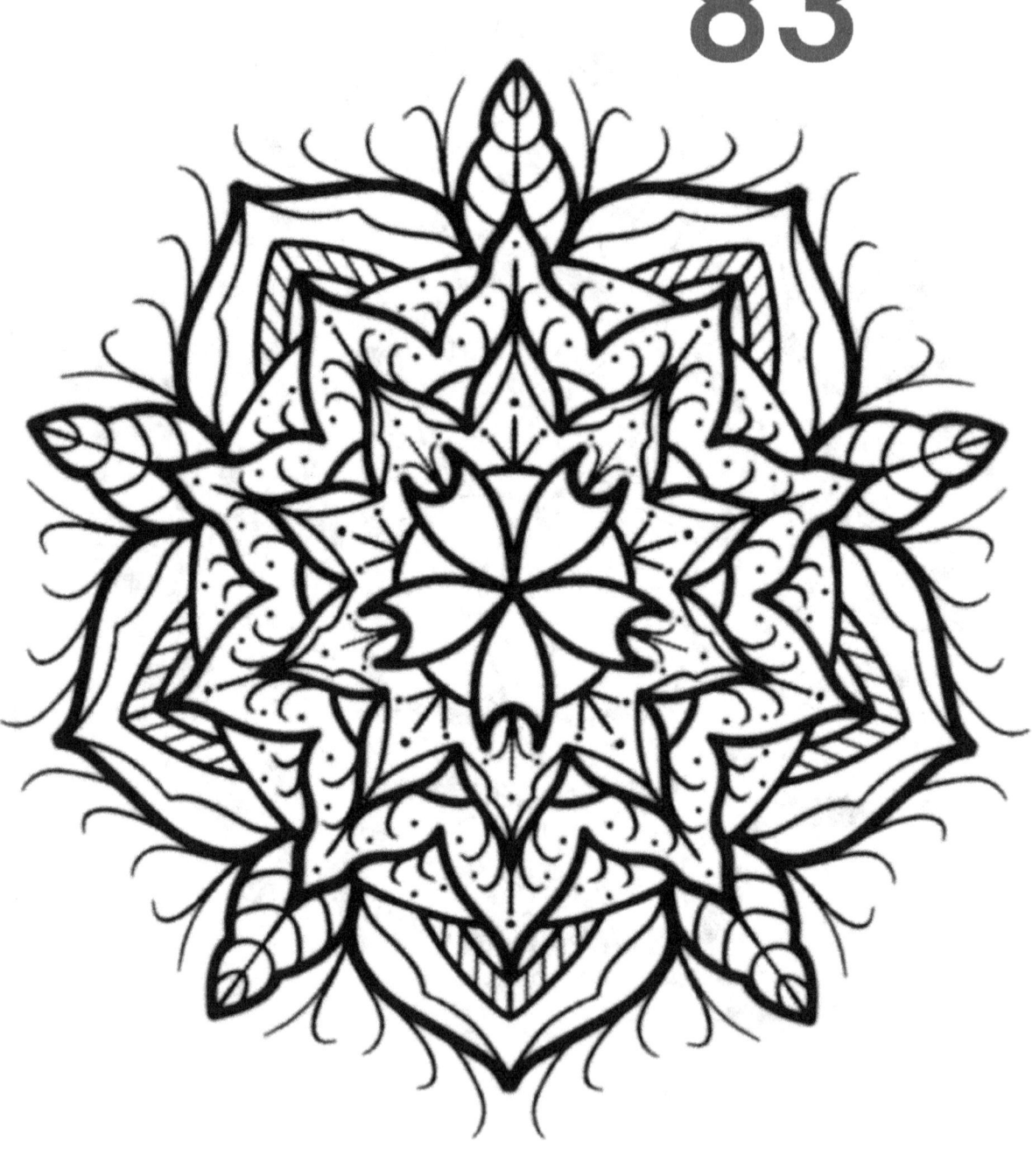

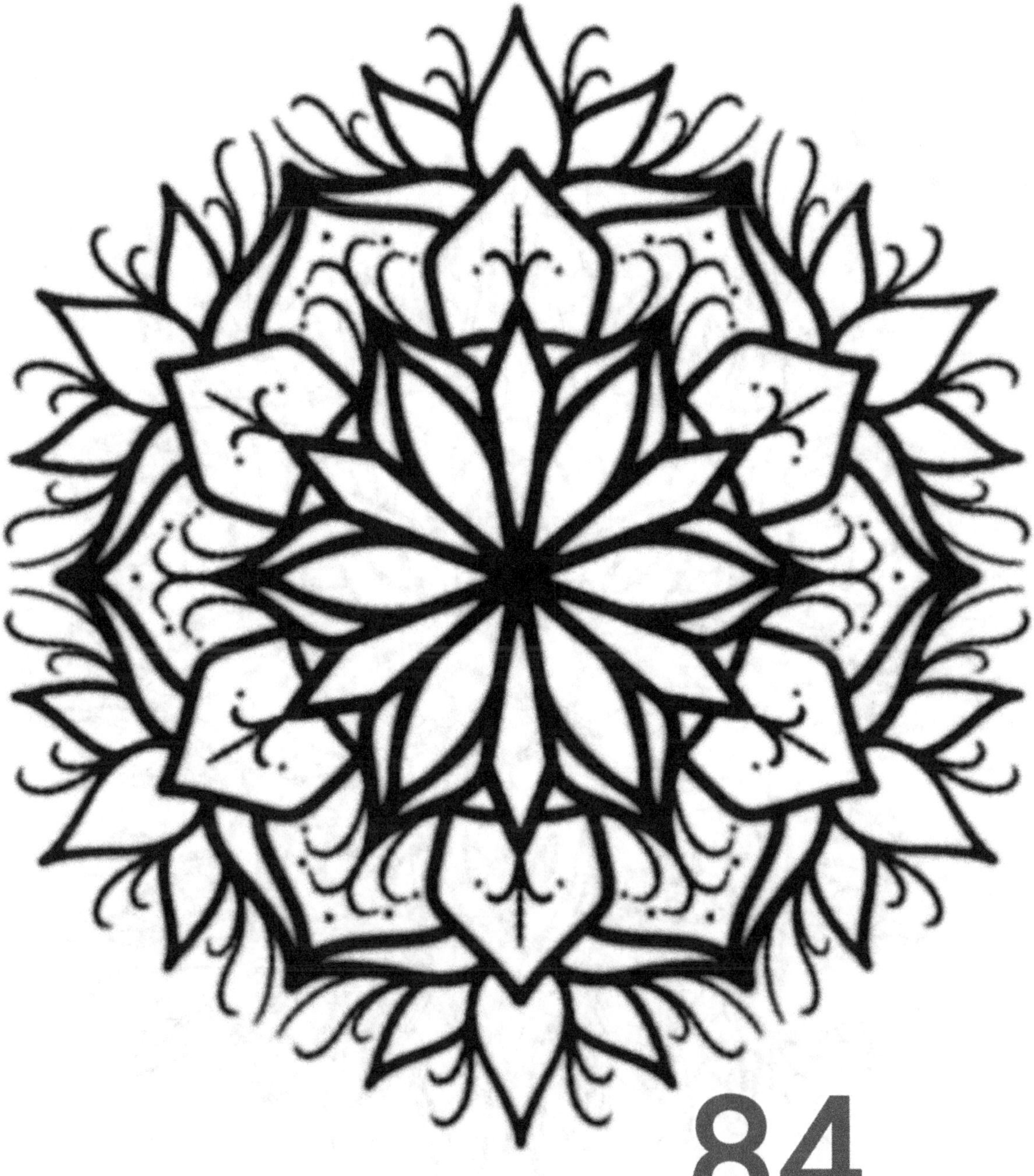

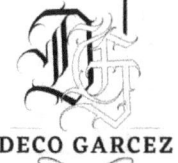

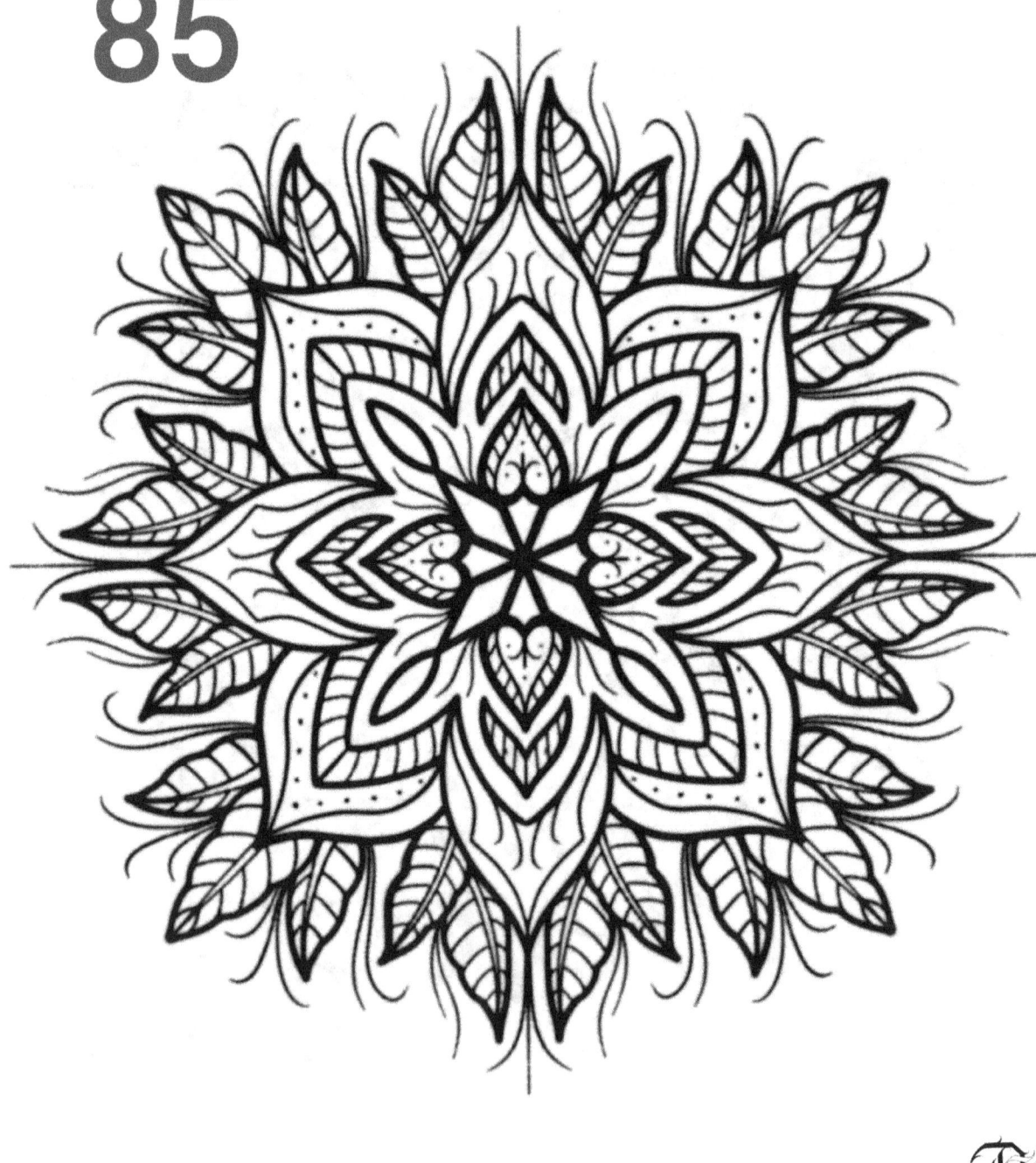

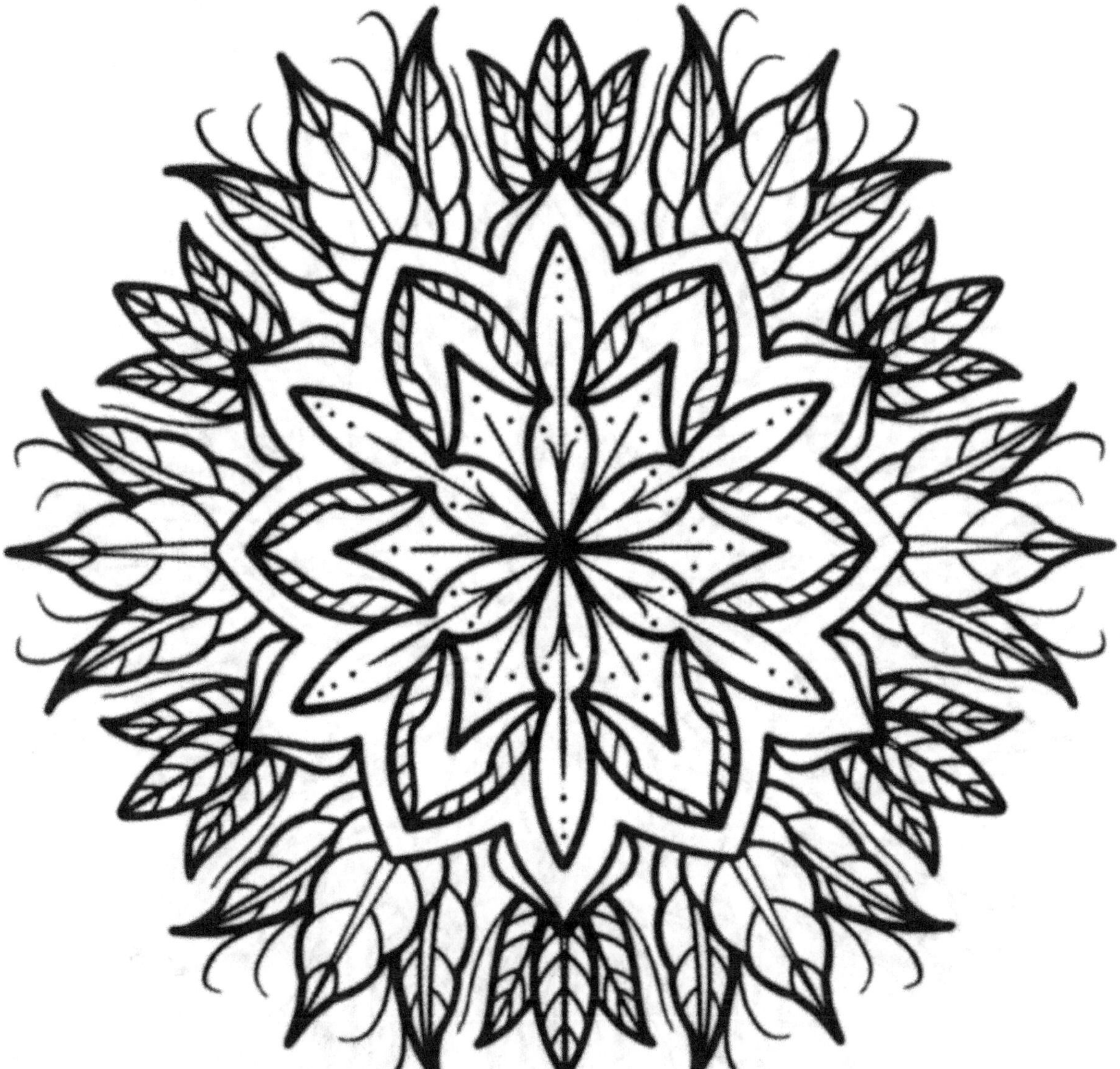

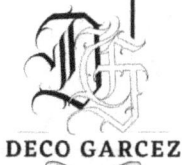

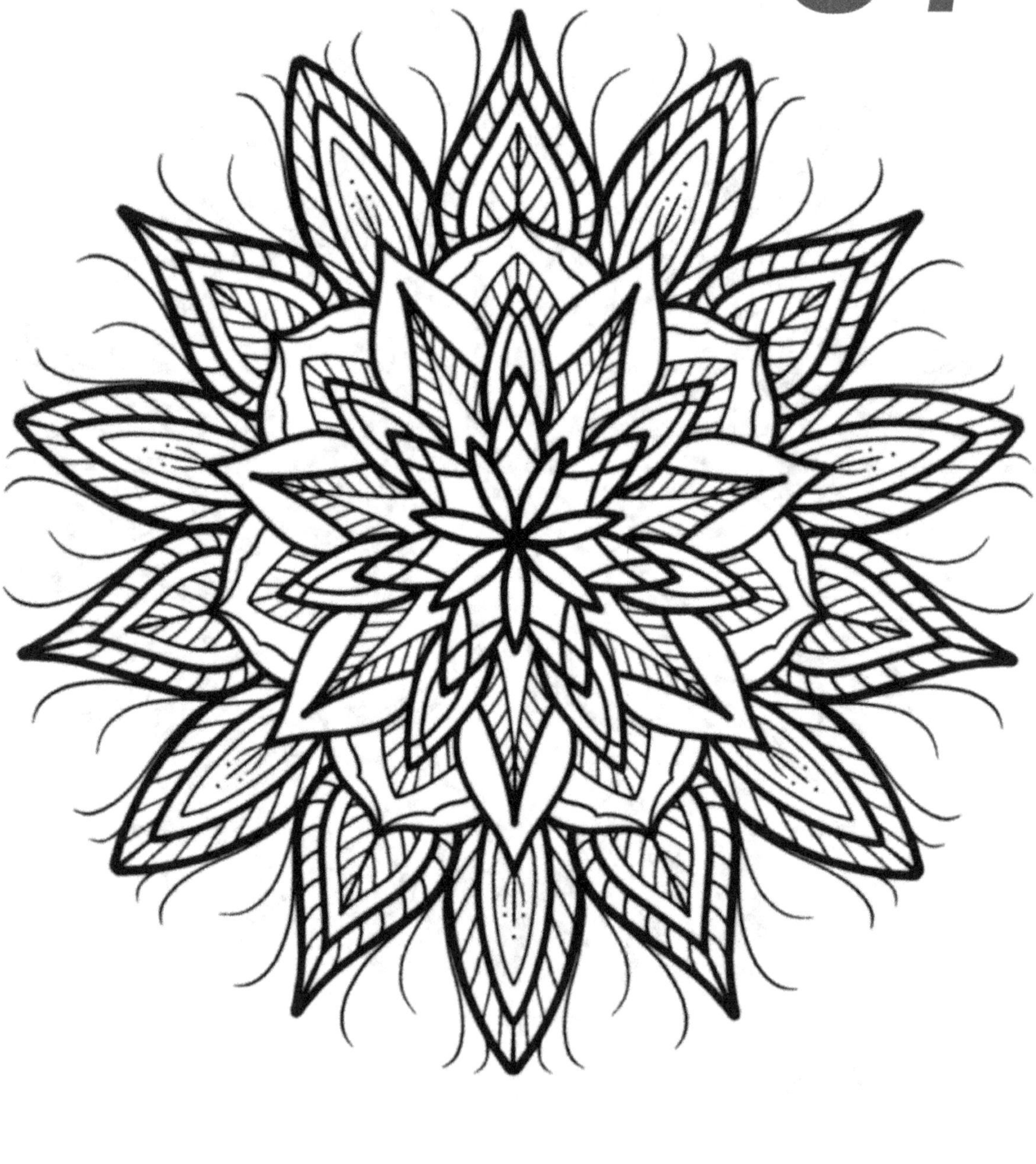

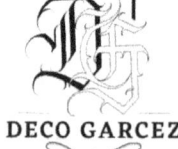

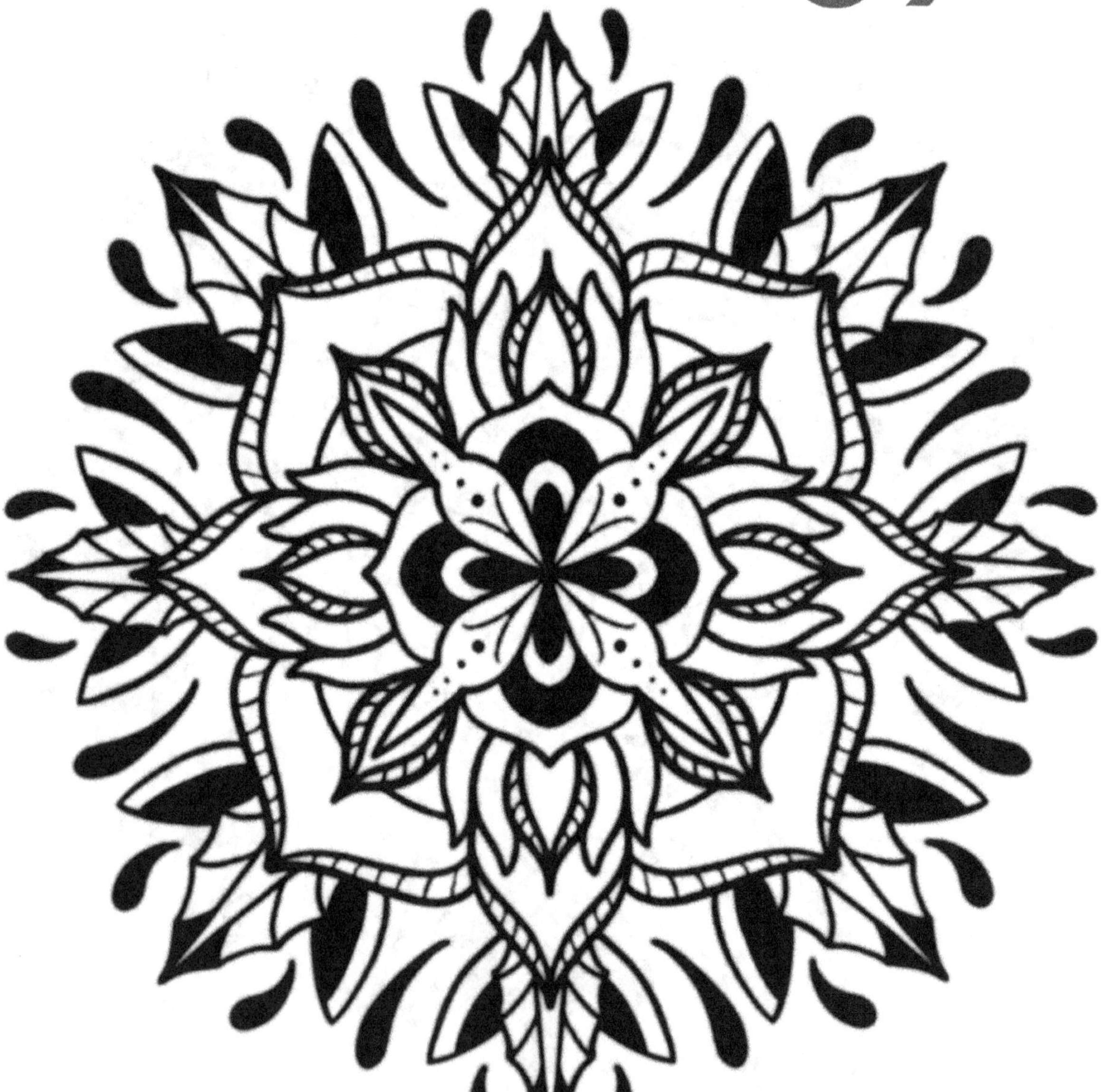

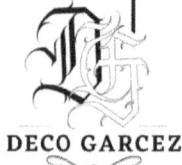

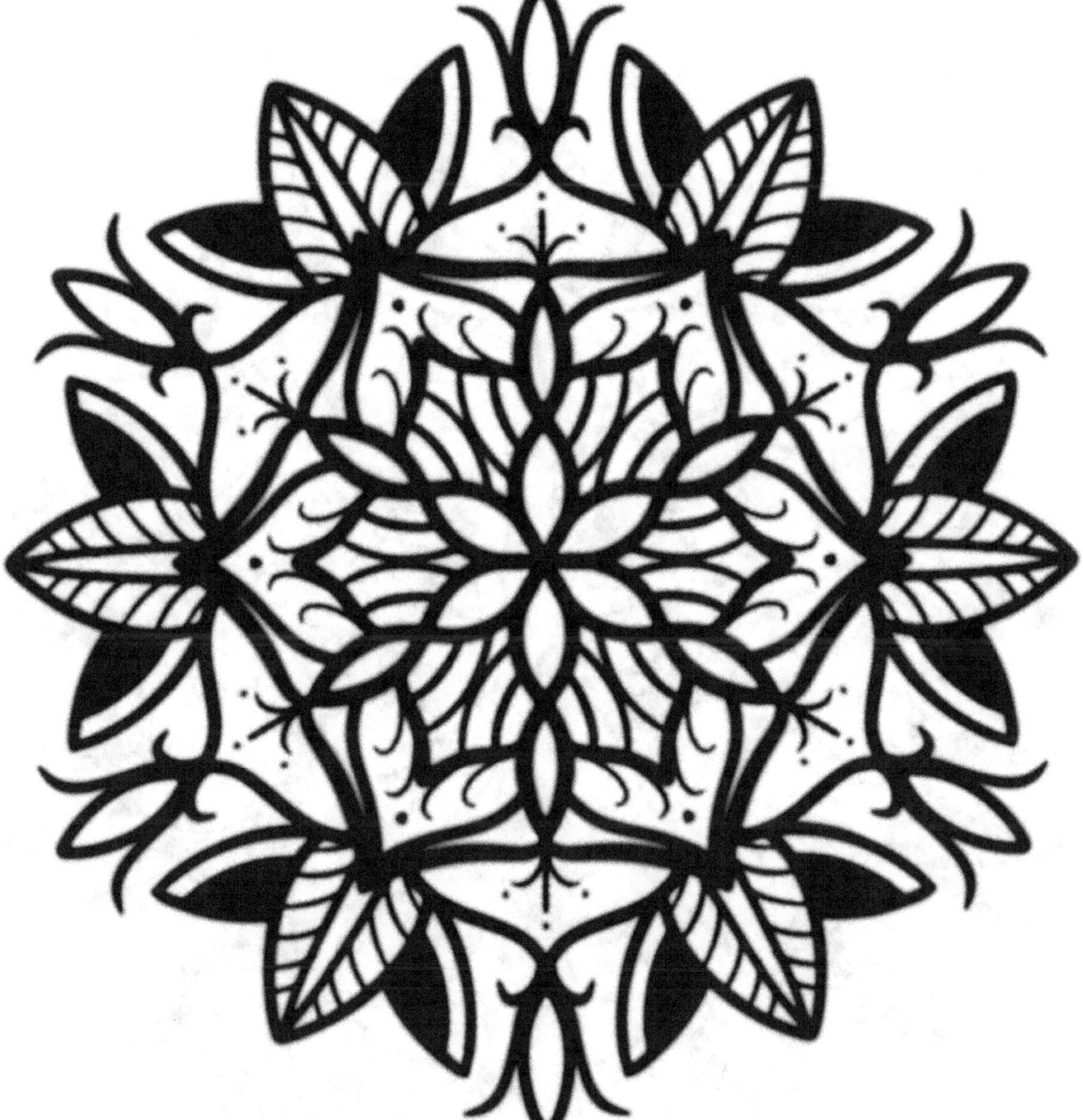

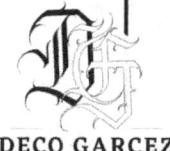

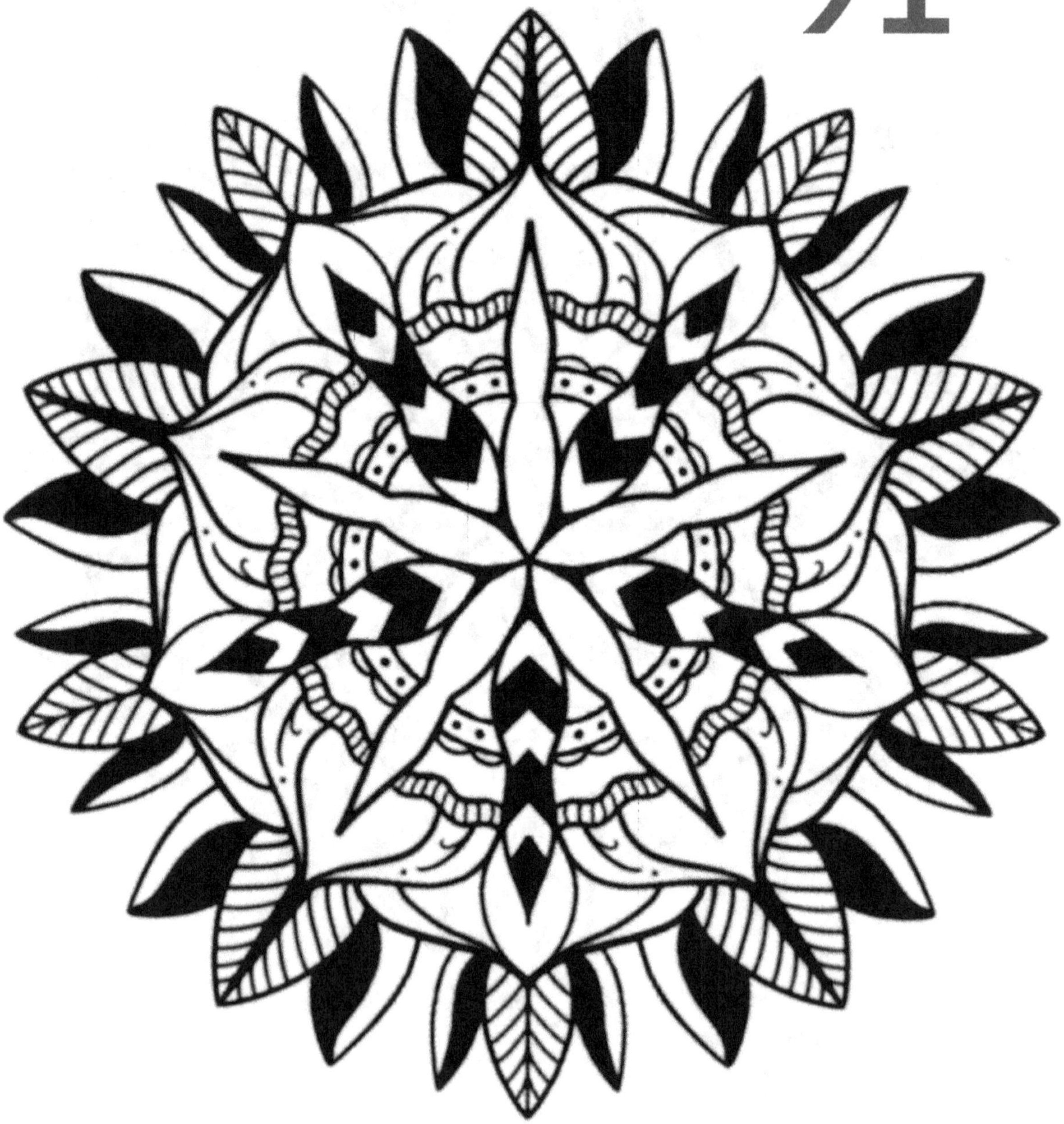

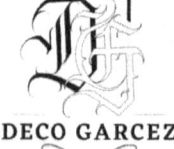

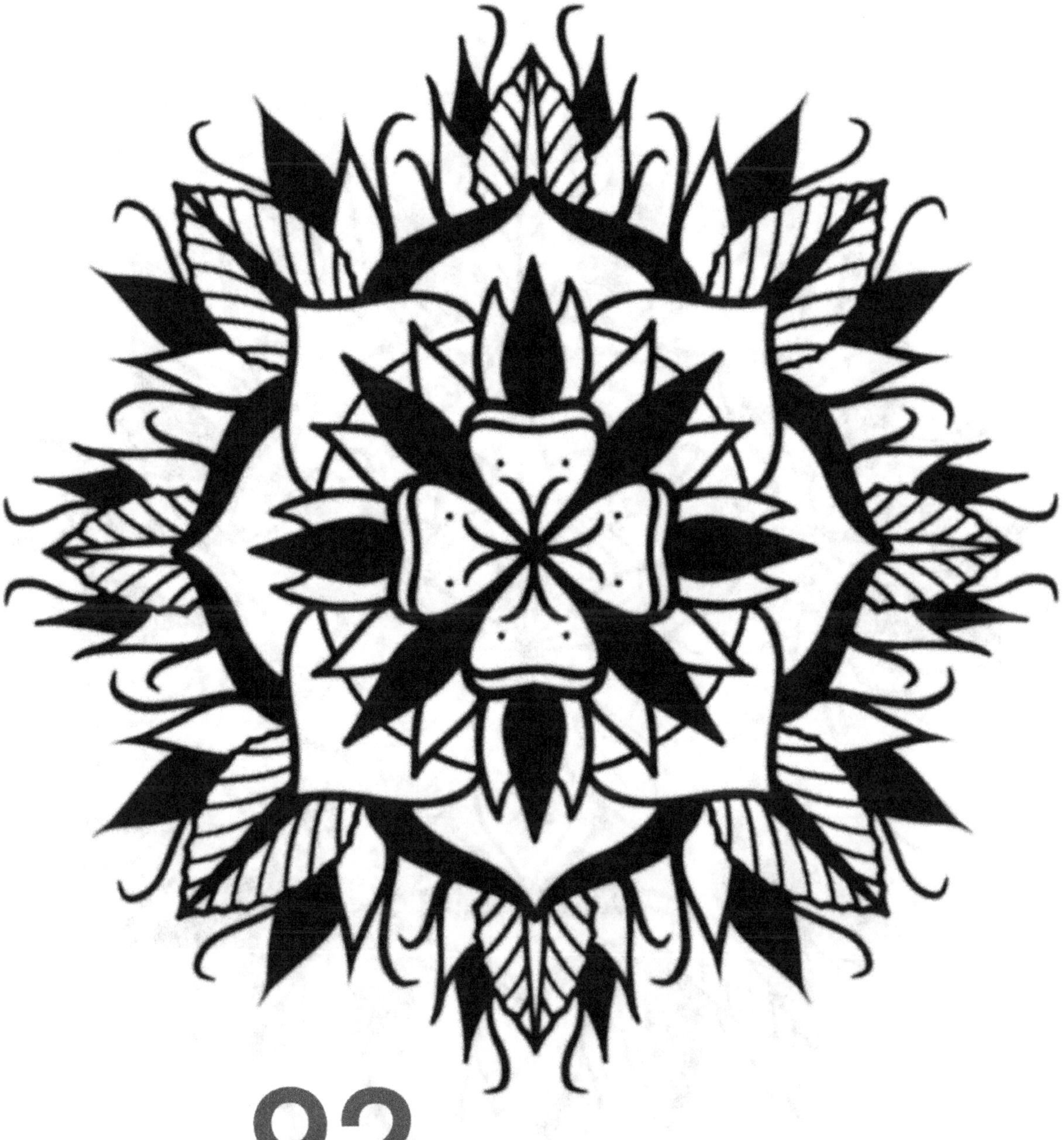

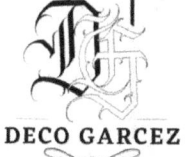

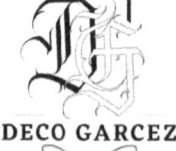

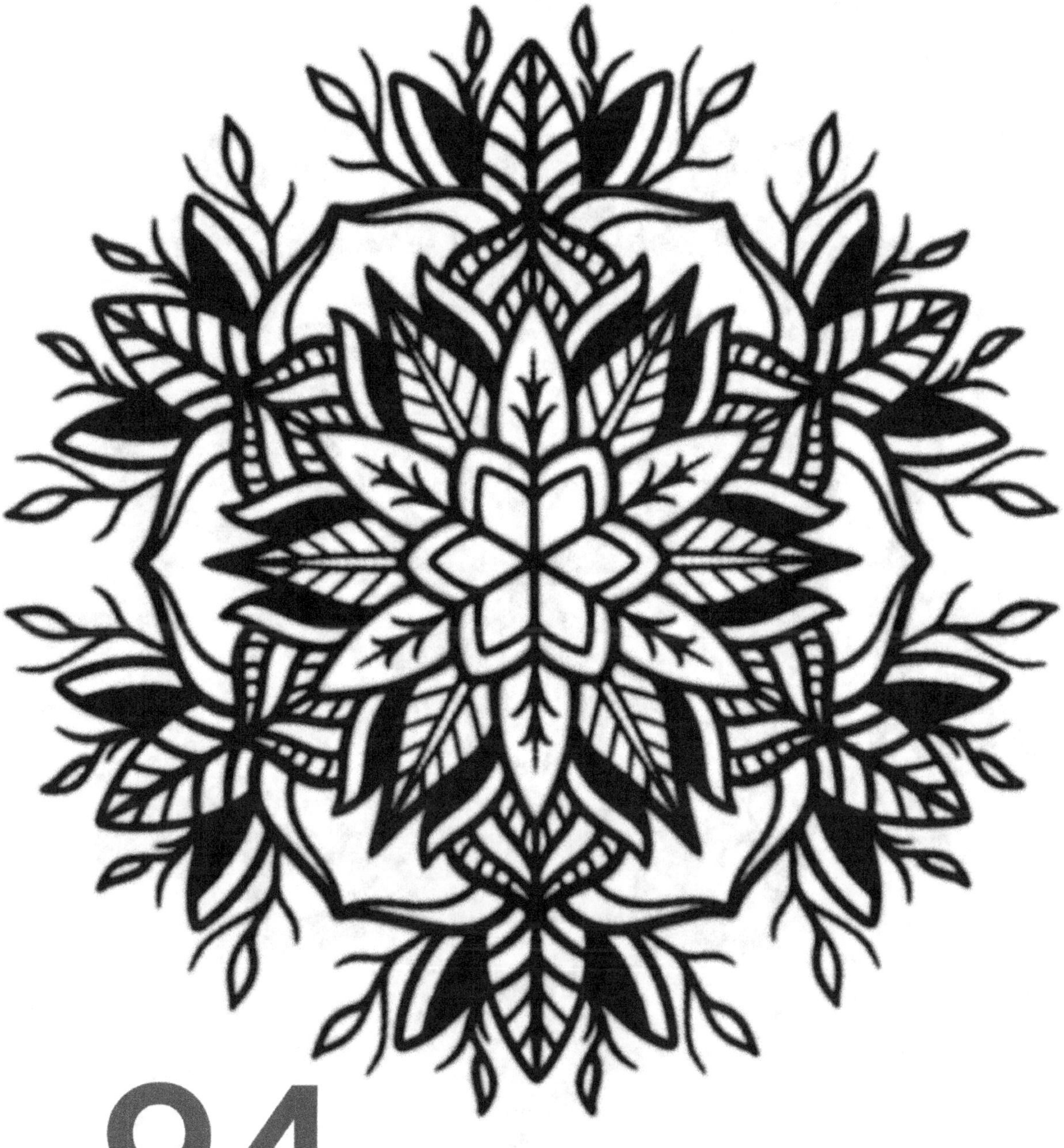

DECO GARCEZ

94

Proibida a reprodução e venda sem autorização

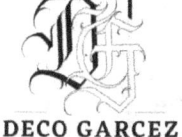

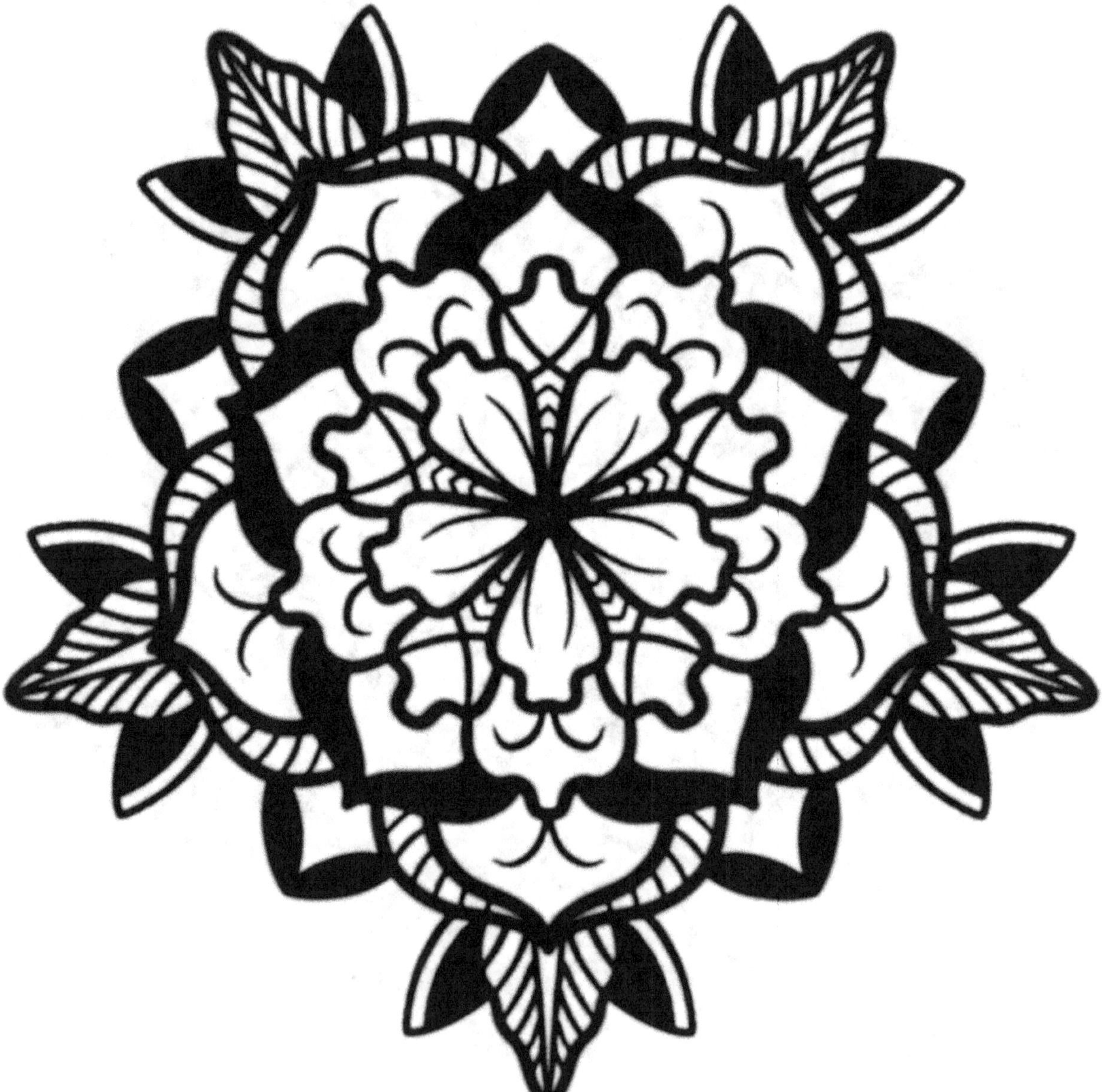

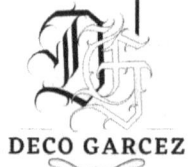

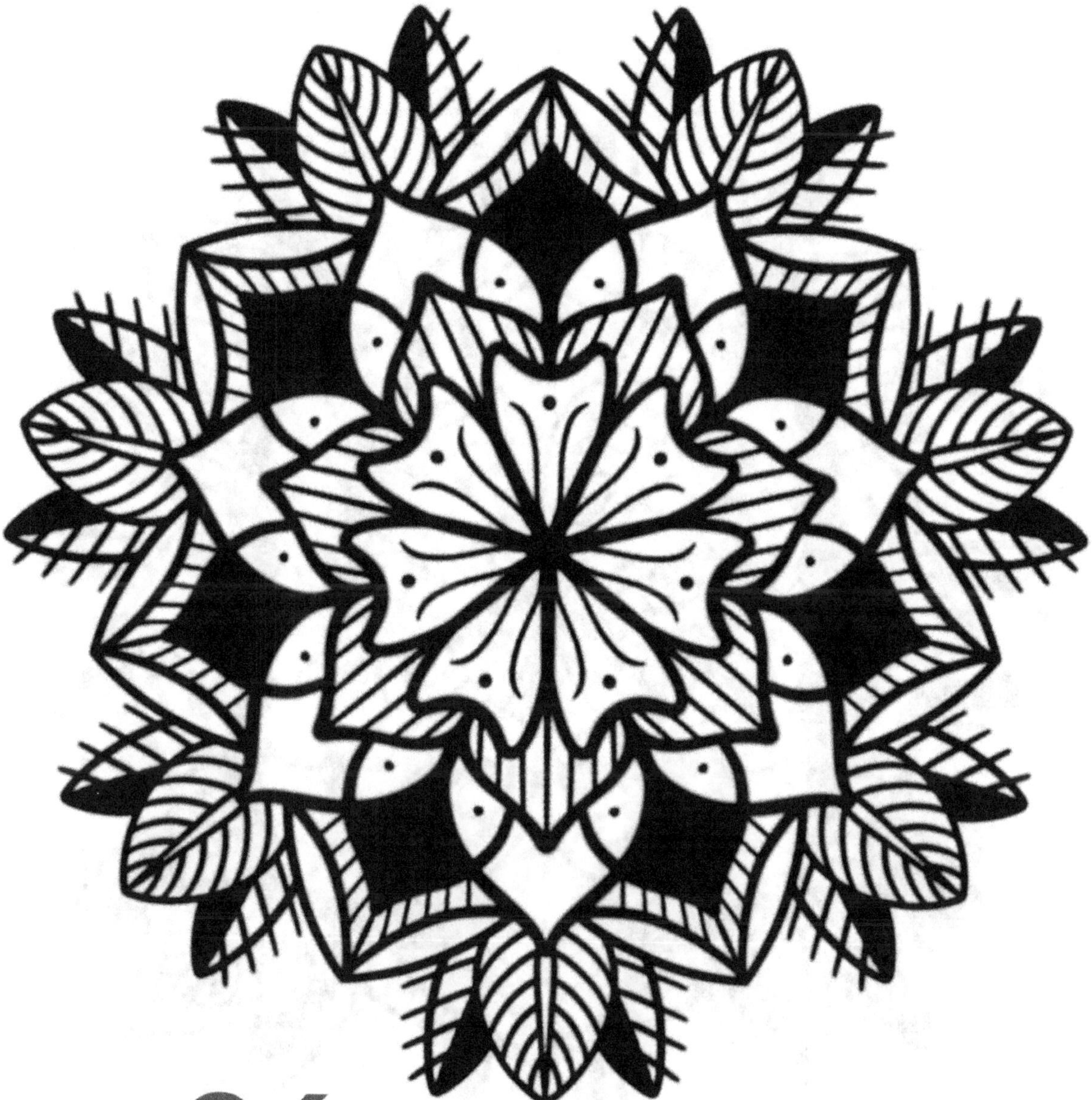

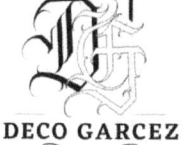

DECO GARCEZ

97

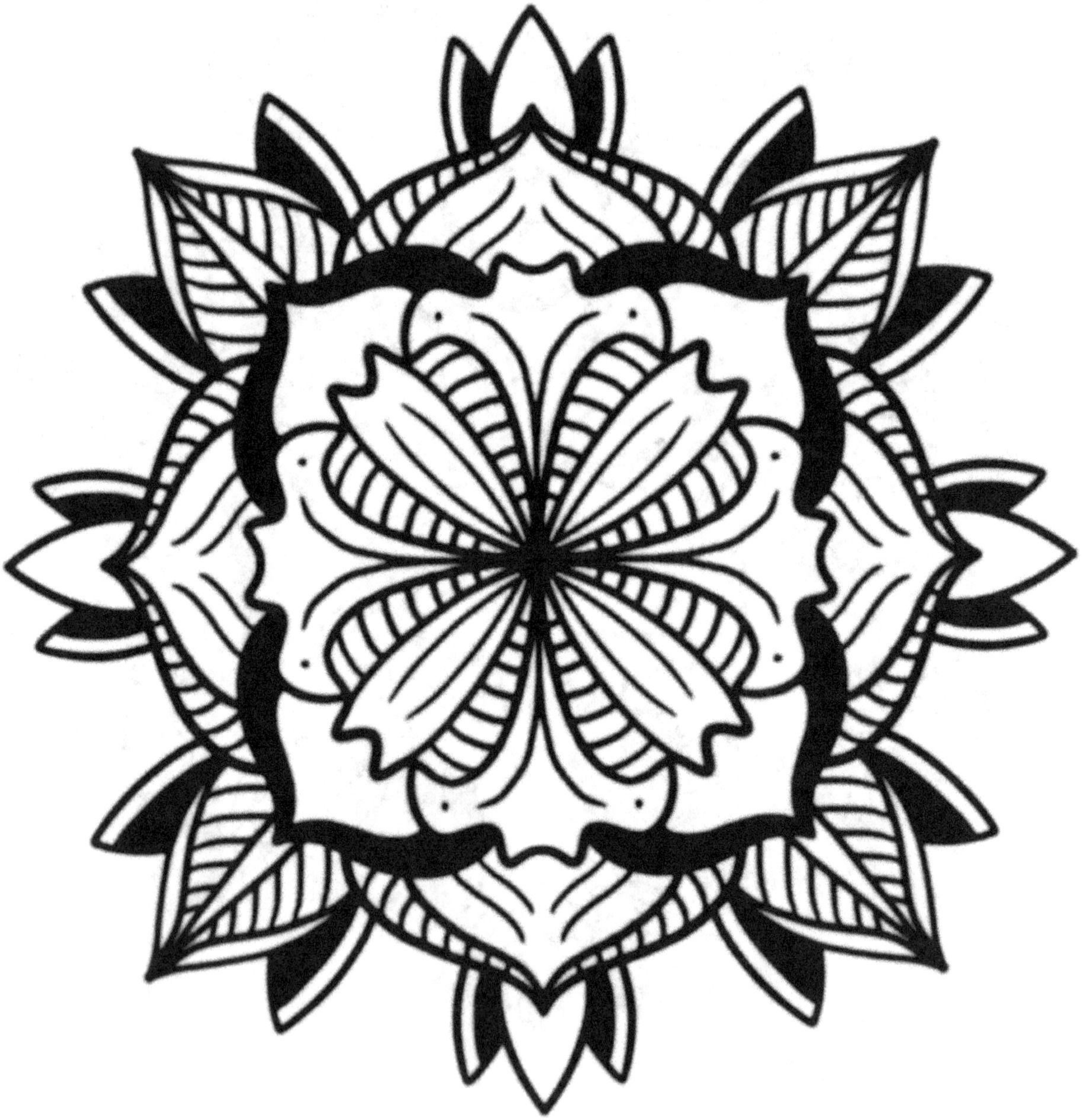

Proibida a reprodução e venda sem autorização

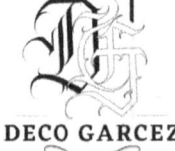

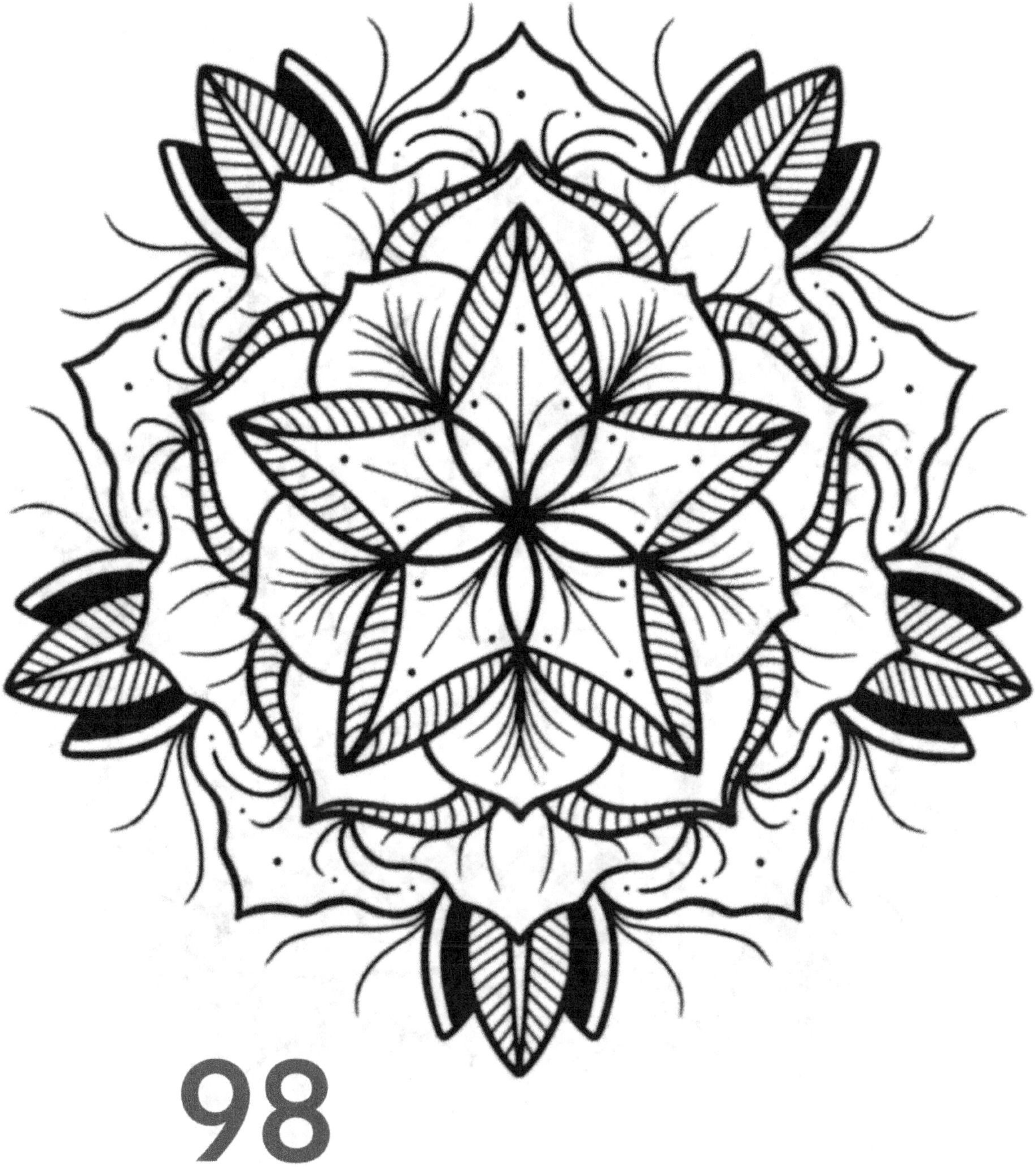

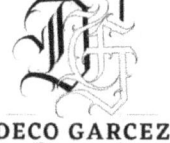

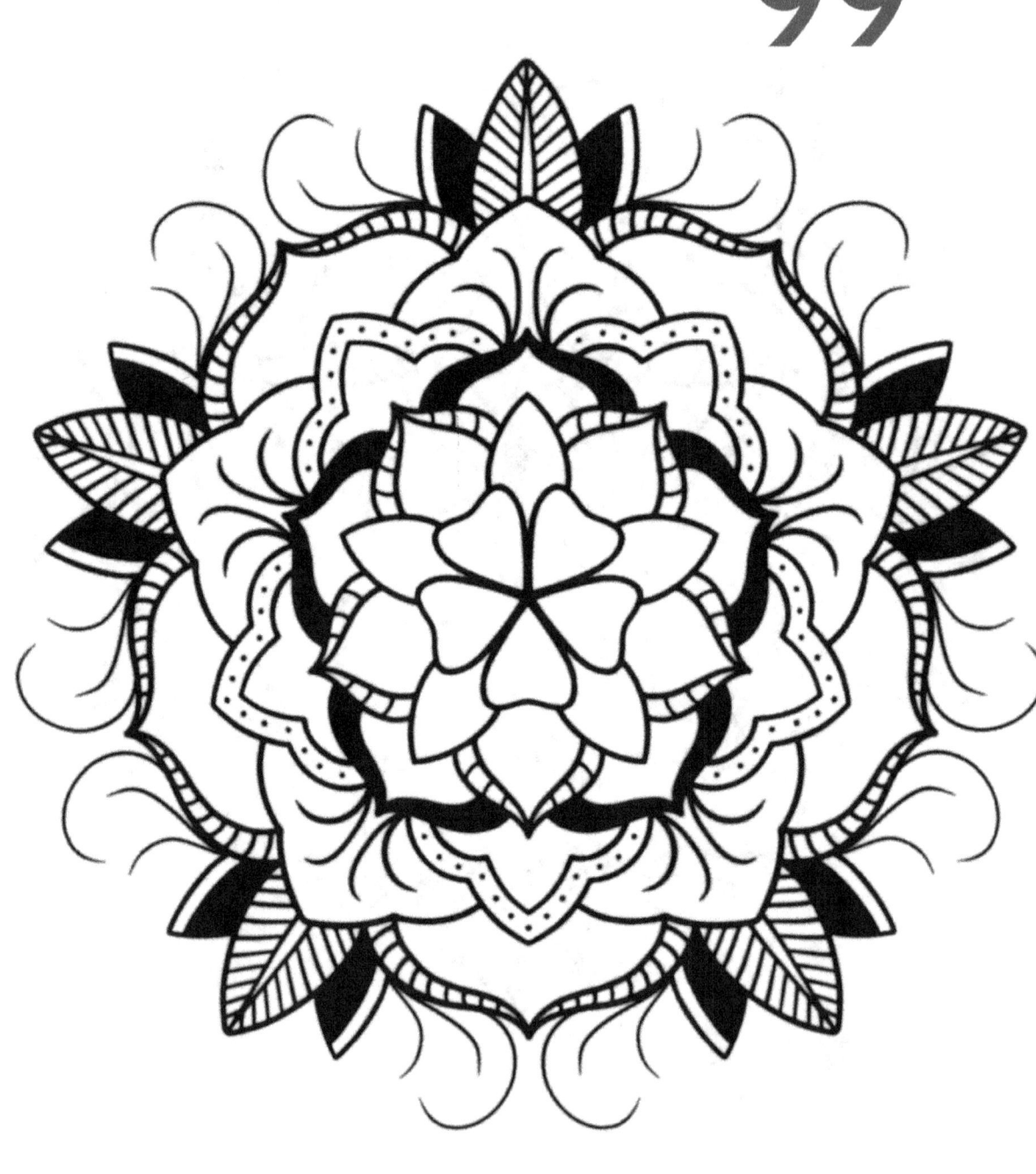

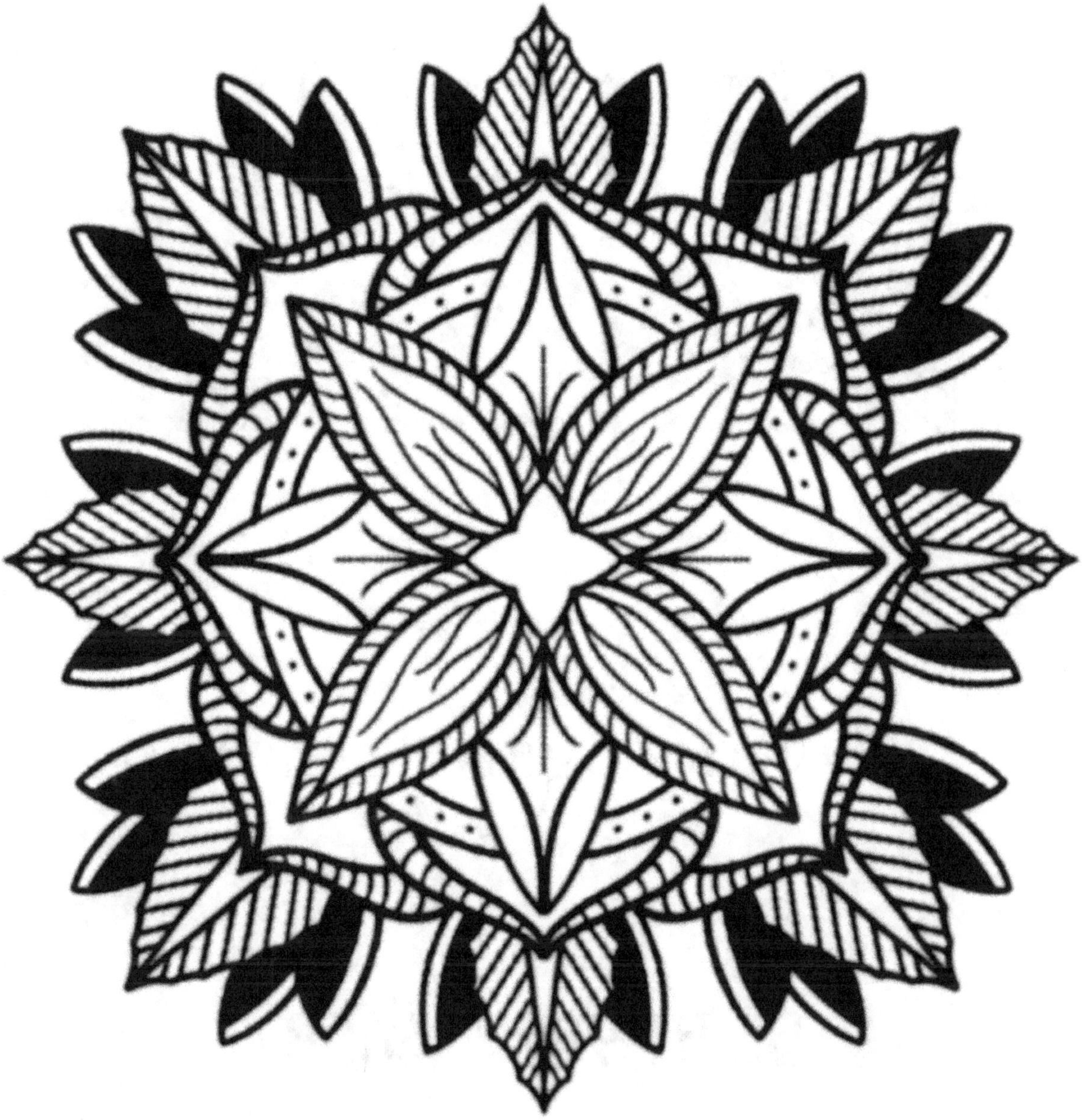

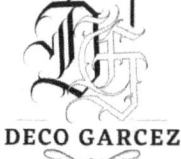

DECO GARCEZ

MANDALAS ORNAMENTADAS

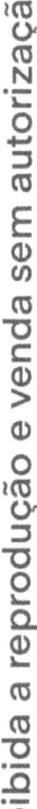
Proibida a reprodução e venda sem autorização

📷 @decogarcez_tattoo

🟢 55 51 982774458

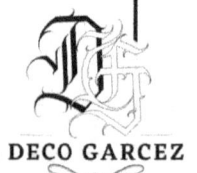

www.ingramcontent.com/pod-product-compliance
Lightning Source LLC
Chambersburg PA
CBHW082252220526
45469CB00009B/2967